조선이 사랑한 문장

조선이 사랑한 문장

조선 지식인의 마음공부

신도현 지음

행성B

저자의 말

책을 마치는 데는 2년 가까이 걸렸다. 초고를 끝낸 후 한동안 묵혀 두었다. 힘든 일이 있었다. 그때 문득 《심경心經》 원고가 떠올랐고, 다시 죽 보게 되었다. 큰 힘이 되었다. 책 속 문장들이 용기를 북돋고 삶의 방향도 되짚어 주었다. 다시 일어서야겠다고 생각했다. 얼떨결에 《심경》의 효험을 체험한 셈이다.

조선의 선비들도 나와 비슷한 경험을 했던 건 아닐까. 마음이 허물어졌을 때 그 황폐한 곳에 다시 의지를 세워 일어설 수 있게 했던 것 중 하나가 《심경》은 아니었을까. 한국철학의 큰 산맥 퇴계 이황과 율곡 이이, 시대를 앞서 간 실학자 성호 이익과 다산 정약용 그리고 개혁군주 광해군과 정조도 《심경》을 애독했다. 그들 삶의 굽이굽이에도 《심경》이 디딤돌처럼 놓여 있었던 것은 아닐까. 그리고 지금 우리는 《심경》에서 무엇을 읽어 내야 할까. 이 책은 그간 《심경》을 놓고 물었던 것들에 대한 나의 답이자 다시금 질문을 던지는 책이 될 것이다. 나를 일으켜 세웠던 《심경》의 에너지가 이제 독자 여러분께 옮겨 가길 바란다.

차 례

1부

삼경을 모르는 이와 무엇을 논할 수 있겠나

《서경》, 《시경》, 《주역》의 문장들

2부

공자의 글은 늘 우리를 뒤흔들어 놓네

《논어》,《중용》,《대학》,〈악기〉의 문장들

3부

맹자, 투사의 글

《맹자》의 문장들

4부

거듭 읽으며 마음을 사유했네

주돈이, 정이, 범준, 주희의 문장들

일러두기

1. 《심경》 37장 본문을 완역했지만 그 주석은 옮기지 않았다. 그 자리에 새롭게 해설을 달았다. 이는 다산 정약용이 쓴 《심경》 해설서 《심경밀험心經密驗》의 편집 방식을 본뜬 것이다.

2. 원문은 독자들이 이해하기 쉽도록 의역한 곳이 있고, 가독성을 위해 독음은 띄어 쓰기했다.

3. 분량이 많은 장은 한 장에서 적절히 나누어 해설했다.

4. 성백효 선생의 《심경부주》를 번역의 기준으로 삼았다.

5. 인명은 꼭 필요한 경우만 원어를 병기했다. 한자어는 처음 나올 때만 병기하되, 뜻을 명확히 해야 하는 곳에서도 병기했다.

6. 책 제목은 겹화살괄호(《 》)로, 단편 글·논문 등은 홑화살괄호(〈 〉)로 표기했다.

프롤로그

조선의 교양
《심경》

소설가이자 사회비평가인 마크 트웨인은 고전의 조건으로 두 가지를 꼽았다. 첫째, 많은 사람이 칭송할 것. 둘째, 많은 사람이 읽지 않을 것. 그만큼 많은 사람이 고전을 칭송하면서도 정작 읽지는 않는다는 말이다. 왜일까. 일단 어렵고, 대체로 두껍기 때문이다.

그렇다면 처방은 간단하다. 분량을 최소화해 쉽게 해설하는 것이다. 하지만 그건 남이 개괄한 책을 보는 것이나 다름없다. 내가 직접 고전을 읽는 것과는 조금 다른 일이다. 그래서 나는 가능한 한 독자들이 고전을 쉽게 읽을 수 있도록 안내하는 게 최선책이라고 생각한다.

이 책 역시 그러한 사명을 띠고 탄생했다. 《심경》은 다행히 양이 적으면서도 어렵지 않다. 총 37장이다. 나는 《심경》을 쉽게 풀이하는 것을 넘어 지금 우리에게 필요한 메시지까지 끌어내려 노력했다. 이를 위해 일상에서 주로 쓰는 말들을 활용했고, 현대철학 등 흥미로운 이야기들도 곁들였다.

서가마다 꽂혀 있던
조선의 베스트셀러

《심경》은 중국 송나라 성리학자 진덕수眞德秀가 사서삼경과 《예기》의 〈악기〉 그리고 송나라 성리학자 주돈이周敦頤와 정이程頤, 범준范浚과 주희朱熹의 글에서 핵심이 되는 서른일곱 문구를 뽑아 모은 일종의 격언집이다. 전체 37장으로 구성돼 있고 장마다 성리학자들의 주석도 달아 놓았다. 더 자세히 보면, 1장은 《서경書經》, 2장부터 3장까지는 《시경詩經》, 4장부터 8장까지는 《주역周易》, 9장부터 11장까지는 《논어論語》, 12장부터 13장까지는 《중용中庸》, 14장부터 15장까지는 《대학大學》, 16장부터 18장까지는 《예기》의 〈악기樂記〉, 19장부터 30장까지는 《맹자孟子》, 31장부터 32장까지는 주돈이, 33장은 정이, 34장은 범준, 35장부터 37장까지는 주희 글에서 가려 뽑았다. 주 내용은 '마음을 다스리는 법'이다. 마음을 다스리는 데 도움이 될 만한 문구를 뽑아 유기적으로 재배열한 것이 《심경》이다.

이 책이 우리나라에 들어온 것은 조선 중기다. 그 즉시 큰 인기를 끌어, 이후 임금과 선비 중에 《심경》을 읽지 않은 이가 드물 정도였다. 정작 중국에서는 정민정程敏政이 재편집한 이후에는 주석서가 나오지 않았는데, 조선에서는 백 권이 넘게 나왔다. 재야의 선비부터 임금까지, 막 학문을 시작한 사람부터 대학자까지 《심경》을 읽으며 마음을 다스렸다.

인기는 논쟁을 동반한다. 조선 철학의 양대 산맥이 퇴계 이황과 율곡 이이다. 조선 시대 대부분의 논쟁이 이 두 학파 사이에서 비롯되었는데 《심경》도 그 대상이 된 적이 있다. 그만큼 《심

《심경부주》 차례 일부(1794년 정조 때 발간된 판본)

경》은 당파를 불문하고 조선 중기 이후 내내 존숭의 대상이 되었다.

퇴계 이황: "《심경》을 읽은 후에야 비로소 마음의 근원과 마음이 얼마나 정밀하고 미묘하게 작동하는지 알았다. 그러므로 이 책을 하늘 따르듯 하고, 엄한 아버지를 공경하듯 했다."

남명 조식: "《심경》은 마음을 죽지 않게 하는 약과 같다."

율곡 이이: (임금 선조에게) "《심경》을 읽으시고 그 뜻을 깊이 연구하소서. 그리하여 성현의 뜻이 아니면 감히 마음에 두지 마시고, 성현의 글이 아니면 감히 보지도 마소서."

광해군: "나는 《심경》을 항상 곁에 두고 살펴본다."

다산 정약용: "오늘부터는 죽는 날까지 마음 다스리는 법에만 힘을 다하고자 하니, 이제 경전을 깊이 연구하는 일은 《심경》으로

끝을 맺으려 한다."

정약용과 이익은 해설서까지 남겼다. 조선 시대뿐인가.《심경》은
일제 강점기 독립운동가들 사이에서도 인기가 많았다. 특히 백범 김
구는 종종《심경》의 구절을 인용했다.

이제, 본격적으로《심경》속으로 들어가 보자.

삼경을 모르는 이와
무엇을 논할 수 있겠나

《서경》, 《시경》, 《주역》의 문장들

1부 글들의 출처는 《서경》, 《시경》, 《주역》(《역경》으로도 불린다)이다. 이 세 권을 사서삼경四書三經 중 삼경三經이라 한다. 삼경은 모두 《논어》 이전에 나온 것으로, 적어도 기원전 5세기 이전에 출간되었을 것으로 본다. 기록에 따르면 공자가 삼경의 편집에 관여했다. 본래 여기저기 흩어져 있던 토막글들을 공자가 지금의 《서경》, 《시경》으로 정리했다고 한다. 《주역》의 부록에 해당하는 〈계사전〉도 공자가 지었다는 설이 있다. 물론 이를 그대로 받아들이기는 어렵다. 삼경 모두 작자 미상으로 보는 게 합리적이다. 다만 삼경의 편집에 공자 학단이 어떤 식으로든 관여한 것은 분명해 보인다.

공자 사후 삼경은 동아시아 사상의 근간을 이루었다. 따라서 동아시아 지식인이라면 삼경을 모두 외우고 풀이할 수 있어야 했다. 과거시험 문제를 삼경에서 냈기 때문에 삼경을 모르고서는 관리도 될 수 없었다. 당대 지식인들끼리 주고받는 글과 시에서도 삼경을 기본적으로 인용하는 경우가 많아 삼경을 모르면 글을 쓰거나 시를 짓지 못하는 것은 물론 보내온 글을 제대로 읽어 내기도 어려웠다. 2000년이 넘는 세월 동안 삼경은 동아시아 정신을 지배해 왔고, 오늘날에도 그 영향력이 곳곳에 남아 있다. 동아시아 역사와 사회를 깊이 이해하려면 삼경을 꼭 알아야 하는 이유다.

그럼 삼경엔 어떤 내용이 담겨 있을까. 흥미롭게도 삼경은 오늘날 인문학의 분과인 문사철文史哲에 각각 들어맞는다. 문文은 《시경》, 사史는 《서경》, 철哲은 《주역》이다.

민본 사상이 담긴 역사책《서경》

《서경》은 동아시아에서 가장 오래된 역사책으로, 신화 속 국가인 하나라의 요임금부터 춘추시대 진나라의 목공까지를 다루고 있다. 폭넓은 연대에 비해 분량은 적은 편이다. 각 국가의 역사 기록보다는 후대들을 위해 성군들의 인상적인 말과 상황 대처 사례를 보여 주는 데 중점을 두었기 때문이다. 예를 들어 요, 순, 우, 탕임금은 그 자체로 훌륭한 위정자의 표본으로 여겨졌고, 그들의 행적을 통해 후대의 위정자들은 '성군은 이러해야 한다'는 규범을 익히고 따르려 했다. 그래야 정권의 정통성을 인정받고 민심도 얻을 수 있었다. 물론 이전 것을 그대로 따르려는 행위가 때로 역사 발전을 가로막기도 한다는 건 기억해 둘 필요가 있다.

하지만 비슷한 시기에 형성된 다른 문화권의 신화 역사서와 비교했을 때《서경》의 내용이 혁명적이란 점은 분명한 사실이다. 그런 책들은 자기 민족이 우월해 다른 민족을 지배할 수 있었노라 합리화하는 지배자 관점이 대부분인 반면, 《서경》은 위정자가 지녀야 할 도덕성을 엄격히 제시하고 폭군의 경우 폐위해야 한다는 등 높은 수준의 민본, 애민 사상을 담고 있기 때문이다. 동아시아 문화권에서 백성 중심의 정치 철학이 확립되는 데 큰 역할을 한 셈이다.

민심을 읽는 데 활용된 《시경》

《시경》은 주나라 초부터 춘추시대까지의 시詩 305편을 추려 놓은 것으로, 동아시아에서 가장 오래된 시집이다. 작자는 대부분 민중이다. 그래서 풍속시와 자유로운 연애시 그리고 위정자를 비판한 시가 많다. 민중은 글을 배우지 못해 곡조와 운율에 맞춰 말로 시를 짓고 낭송했다. 이를 국가가 수집해 글로 옮긴 것인데, 그 이유는 민심을 읽기 위해서였다. 그래선지 국가를 비판하는 내용도 그대로 담았다. 민중이 지은 시를 통해 민심을 읽는다는 것은, 오늘날 보기에도 제법 괜찮은 여론 읽기다.

공자는 위정자와 지식인들이 《시경》을 읽어야 하는 이유를 다음과 같이 말했다.

> 자네들은 어찌해서 《시경》을 공부하지 않는가? 그
> 책을 읽으면 세상을 잘 살펴볼 수 있고, 어떻게 해야
> 사람을 감동시키고 모을 수 있는지 알 수 있다네.

공자는 이처럼 《시경》을 사회와 타인을 이해하는 법을 알려 주는 교재로 삼았다.

그런데 《심경》에는 지식인들 시가 담겼다. 책의 주제가 아무래도 '마음 다스림'이어서 그런 듯하다.

철학책이자 점서인 《주역》

마지막으로 《주역》을 살펴보자. 《주역》은 동아시아 우주관이 담긴, 동아시아 형이상학의 바이블이다. 우리나라

태극기의 태극(음양)과 건곤감리가 모두《주역》에서 비롯
됐다.《주역》은 64괘를 제시하는데, 그것은 세계란 무한
한 개별자와 끝없는 시간으로 구성된 것 같지만 단 64가
지 원리로 파악할 수 있다는 자신감이다. 이런 시각은 서
구 학자들에게도 영향을 끼쳤다. 근대 철학자 라이프니츠
와 노벨상을 받은 물리학자 닐스 보어가 대표적이다.

《주역》은 철학책이면서 점서이기도 하다.《주역》에 따
르면 사람의 삶 역시 64괘로 해석 가능하기 때문이다. 물
론 현대에 이르러선 점을 신뢰하지 않는 사람이 다수다.

《난중일기》에도 점에 관한 재미있는 글이 있다. 충무공
이순신은 전투 직전 자주 주역 점을 쳤고, 대부분 점괘가
맞았다고 한다. 일례로 칠천량해전을 앞두고 원균에 관한
점을 쳤는데 '크게 흉하다'는 점괘가 나왔다. 실제로 그
전투에서 원균이 전사하고, 조선 역시 대패했다.

【1장】

중용은 이런 것일세

순임금께서 말씀하셨다.

"인심은 너무 위태롭고 도심은 너무 아득하다.

정밀하고 한결같아야 진실로 중용을 잡을 수 있다."

帝曰 人心惟危 道心惟微 惟精惟一 允執厥中

제왈 인심유위 도심유미 유정유일 윤집궐중

《서경》

❖

순임금은 요임금과 태평성대인 요순시대를 다스렸다고 전해지는 전설 속 인물이다. 사마천의 《사기》에 따르면, 순은 본래 왕족도 귀족 신분도 아니었다. 일찍이 어머니를 여의고 의붓어머니 밑에서 자랐으며 농사를 짓고 시장에서 질그릇도 구워 팔던 평범한 백성이었다. 다만 효심이 깊고 인품이 훌륭해 소문이 자자했다.

그 소문을 들은 요임금은 오랜 기간 순을 관찰하고, 몇 가지 시험을 거쳐 마침내 그에게 제위를 물려주게 된다. 임금이 된 순임금은 제도를 정비하고 윤리와 규범을 세웠다. 또 형벌이 아닌 교화를 앞세우는 정치로 나라를 평안히 다스렸다. 순임금 역시 요임금처럼 덕망이 높은 사람을 찾아 선양했는데, 그가 바로 우임금이다.

자리를 물려주면서 순임금이 후계자 우에게 꼭 지키라며 당부한 말이 있는데, 그 핵심이 위 인용문이다. 수신이 곧 평천하로 이어진다고 믿은 순임금에게 이 말은 나라와 백성을 다스리는 지침이었다.

인심은 기본적인 욕구를 좇는 마음이고, 도심은 바른 길[道]을 좇는 마음이다. 사람은 누구나 이 둘을 지녔다. 인심은 자신과 종족 보존을 우선시한다. 식욕과 성욕, 권력욕 등이 그 예다. 이런 것만을 좇으며 산다면 동물과 다를 바 없는 삶이니 위태롭다. 반면 도심은 기본적인 욕망을 포기하고서라도 자신이 믿는 가치와 정의를 추구하려는 마음이다. 물론 그렇게 하면서 살기 쉽지 않으니 아득하다.

인심과 도심의
투쟁 과정이 인생

삶이란 이 두 마음이 싸웠다 화해했다 하는 과정이다. 그래서 순임금은 중용을 택했다고 말한다. 중용을 얻는 방법이 '정밀함'과 '한결같음'이다. 주희는 "널리 배우고 깊이 묻고 신중히 생각하며 명철하게 판단하는 것"을 '정밀함'이라 했고, "의지를 굳건히 하고 우직하게 실천하는 것"을 '한결같음'이라 해석했다. '정밀함'과 '한결같음'을 주희의 해석에 따라 여섯 태도로 나눠 하나씩 살펴보자.

'널리 배움[博學]'은 지식을 쌓는 것을 이른다. 모르고서는 잘할 도리가 없다. 무엇이든 잘하고 싶다면 우선 배워야 한다. 나의 마음가짐을 바꾸고자 한다면, 우선 나의 마음을 알아야 한다. 나의 감정과 행동 패턴을 알아야 한다. 유독 내가 취약한 감정과 자주 반복되는 행동이 있을 것이다. 그리고 나를 넘어 내가 속한 세상까지도 알아야 한다.

'깊이 물음[審問]'은 문제의식을 품는 것이다. 깊이 공부해 앎을 얻으면 자연히 의문점이 생기기 시작한다. '나는 왜 여태 마음을 이렇게밖에 쓸 수 없었을까?', '왜 고마운 상황에서 도리어 화를 냈을까?' 등 기존에 당연시해 오던 것들에 의문을 제기하는 것이다. 그것도 단편적인 궁금증이 아니라 간절한 물음이다. 그래야 진정 변화하고자 하는 의지가 생긴다.

'신중히 생각함[謹思]'은 문제의식을 가졌다면 이제 자신과 자기 주변에서부터 무엇을 할 수 있을지 생각하는 것이다. 산 정상에 오르고 싶다고 해서 당장 이를 수 있는 건 아니다. 한 걸음 두 걸음 조금씩 내딛어야 한다. 그러다 보면 어느새 정상에 이르게 된다. 생각도 그러해야 한다. 우선 어떻게 시작할지 차근히 고민해 봐야 한다.

독일 철학자 하버마스는 "공적 영역의 왜곡이 사적 영역까지 침투한다"고 말했다. 공적 영역, 즉 사회를 지배하는 거시적인 제도와 논리가 사적 영역인 개인의 가치관과 개인 사이의 관계, 일상생활에까지 침투해 깊숙이 영향을 미친다는 뜻이다.

사회가 부조리하다면 나 역시 거기서 자유롭지 못하다. 경쟁이 치열한 사회라면 나 역시 그 가치관에 물들어 있을 가능성이 크다. 그러므로 경쟁이 싫다면, 내 안의 경쟁의식을 먼저 버려야 한다. 재산, 외모, 직위 등 외적인 가치로 평가하는 세상을 바꾸고 싶다면, 먼저 나부터 그런 생각을 반성하고 바꾸어 나가야 한다.

'명철하게 판단함[明辨]'은 앞의 세 가지를 종합해 판단하는 것을 말한다. 먼저 지식을 갖추고, 문제의식을 품고, 어떻게 실천할지 신중히 생각한다. 명철하게 판단을 내리려면 많은 연습과 노하우가 필요하다. 머릿속에 떠오른 그 실천의 장점과 문제점 등을 자세히 노트에 적어 객관적으로 보려는 시도도 한 방법이 될 수 있다.

중용을 얻는 법

이러한 과정을 거쳐 판단을 내렸다면 이제는 의지를 군건히 하고 우직하게 실천하는 것으로 이어져야 한다. '의지를 군건히 함[固執]'은 흔들리지 않는 것을 뜻한다. 공자는 명철하게 판단하고 행동하기 위해서는 무엇보다 신중해야 한다고 말했다. 하지만 이런 공자도 너무 신중해서 무엇이든 꼭 세 번을 숙고했던 제자에게 "생각은 두 번이면 충분하다"고 조언한 일이 있다.

명철하게 판단을 내린 이후에 필요한 것은 신중함이 아닌, 군건함이다. 계속 숙고만 해서는 몇 걸음 내딛지 못한 채 제자리에 멈추고 만다. 앎을 갖추고 깊이 묻고 신중히 생각해 명철한 결론을 내렸다면, 이제는 험난한 상황에서도, 타인의 말에도 결코 흔들리지 않는 의지를 지녀야 한다. 나의 길을 믿고 당당히 걸어가야 한다.

끝으로 '실천을 돈독히 함[篤行]'은 우직하게 실천해 가는 것을 뜻한다. 그리스 철학자 아리스토텔레스는 "제비 한 마리가 난다고 해서 봄이 오지는 않는다"고 말했다. 분명 제비는 봄의 전령이다. 하지만 고작 한 마리를 보고 봄이라 단정할 수는 없다. 봄이 되려면 새싹이 나고, 포근한 바람도 불어와야 한다. 이처럼 한 번의 실천으로 되는 일은 없다. 꾸준히 실천해 쌓였을 때에야 비로소 이전과 뚜렷이 달라진 바가 있을 것이다.

다만 여기서 주의할 점은 의지와 실천의 순서를 기계적으로 이해해서는 안 된다는 것이다. 꼭 의지를 굳건히 한 후에 실천할 수 있는 건 아니다. 의지가 굳건해야 잘 실천할 수 있지만, 반대로 실천을 반복하다 보면 의지가 굳건해지기도 한다. 둘은 상호 보완적이다.

그렇다면, 중용이란 무엇인가. 간단히 말해 중용은 매사에 '알맞게' 대응하는 것이다. 예컨대, 부당하고 불의한 일에 부딪혔을 때 바꿀 수 있는 상황이라면 과감히 용기를 내는 것이 '알맞음'이요, 도저히 내 힘으로 바꿀 수 없는 상황이라면 다음을 기약하며 힘을 기르는 것 또한 '알맞음'이다. 이처럼 매 순간의 상황을 깊이 고려해 적절한 판단을 내리는 것이 중용이다. 어떤 상황에서든 한 선택만을 고집하는 것이 아님은 물론, 이도저도 아닌 산술적인 중간을 택하는 것도 아니다. 중용은 유교에서 말하는 가장 이상적인 삶의 방식이다.

2장

자네의 달란트는 무엇인가

《시경》에서 말씀하셨다.

"하늘이 그대와 함께하니 겉과 속을 달리 말게."

또 말씀하셨다.

"겉과 속을 달리 말며 근심도 두지 말게.

하늘이 그대와 함께하시네."

詩曰 上帝臨女 無貳爾心 又曰 無貳無虞 上帝臨女

시 왈 상 제 임 여 무 이 이 심 우 왈 무 이 무 우 상 제 임 여

《시경》

❖

퇴계 이황은 "하늘은 이치[理]"라고 말했다. 유교에서 하늘은 인격신이라기보다는 진리 그 자체 혹은 내게 진리를 실천할 수 있는 능력을 부여한 선험적 존재를 의미한다. 따라서 유교에서 하늘을 섬기는 방법은 제사를 지내거나 기도를 하는 등 의식을 치르는 것이 아니라 내게 주어진, 진리를 실현할 가능성 즉 도심을 잘 지키고 실천하며 살아가는 것이다.

겉과 속을 달리하지 말라는 것은 나의 마음을 속이지 말라는 뜻이다. 본래 주어진 도심을 잘 지키고 실천해서 스스로 부끄럽지 않은 존재, 떳떳한 인간이 되라는 것이다. 항상 하늘이 곁에서 지지하고 응원하니, 욕망으로만 치닫지 말고 내가 믿는 정의와 이상을 추구하며 살아야 한다.

근심을 두지 말라는 것도 마찬가지다. 하늘이 나와 함께하니 두려워할 것도 미리 걱정할 필요도 없다. 될 일은 어차피 되고, 안 될 일은 어차피 안 되니 걱정할 필요가 없다.

자신의 뜻을 펼칠 곳을 찾아 천하를 주유했던 공자는 위기도 많이 겪었다. 한번은 제자들과 송나라를 지나는 중이었는데, 공자의 외모가 당시 강도떼 우두머리였던 양호와 닮아 사람들한테 붙잡히고 만다. 제자들이 동요하고 두려워하면서 떨자 공자가 말했다. "내게는 세상을 바꿀 소임이 있다. 하늘이 그걸 버리신다면 모르겠으나, 그렇지 않다면 저들이 나를 어찌할 수 있겠느냐!"

이에 제자들은 고요히 마음을 추슬렀고, 곧 오해도 풀려 무사히 빠져나올 수 있었다. 만일 그때 공자마저 두려움에 떨며 당황했다면, 제자들은 더욱 겁에 질려 흩어졌을 것이고 학단도 와해되었을지 모른다. 공자를 포위했던 송나라 사람들도 공자의 당당한 기백을 보며, 양호가 아니라 당대의 현자 공자임을 확신할 수 있었을 것이다.

이는 가치 체계가 탄탄한 사람이 지닐 수 있는 힘이다. 일제 강점기의 독립투사들 역시 유교, 불교, 천도교, 기독교 등 종교에 기대거나, 사회주의와 아나키즘, 민족주의 같은 사상에 발을 딛고 악랄한 핍박을 견뎌 냈다. 옛 선비들에게 유교도 이러한 신념의 토대가 되었다.

【3장】

잎새에 이는 바람도 외면하지 말게

《시경》에서 말씀하셨다.

"자네가 군자와 사귈 때 보니 안색을 부드럽게 하고 허물이
있지는 않을까 하며 조심하는구려. 자네가 방 안에 있을 때 보니
방구석에서도 부끄러운 짓은 하지 않는구려. 드러나지 않는다 해서
나를 보는 이 없다 마소. 신이 행하는 것은 헤아릴 수 없으니
어찌 꺼리지 않을 수 있겠소."

詩曰 視爾友君子 輯柔爾顔 不遐有愆 相在爾室 尙不愧于屋漏
시왈 시이우군자 집유이안 불하유건 상재이실 상불괴우옥루

無曰不顯 莫予云覲 神之格思 不可度思 矧可射思
무왈불현 막여운구 신지격사 불가도사 신가사사

《시경》

❖

이 시의 주제는 '진정성'이다. 누가 본다고 해서 하고 보지 않는다고 해서 하지 않는다면, 도덕성 여부를 떠나 스스로에게 몹시 부끄러운 일이다. 신이 행하는 것은 헤아릴 수 없다고 한다. 즉 하늘은 모든 걸 알고 계신다. 또한 무엇보다 내 스스로가 안다. 그러니 아무도 보지 않는다고 생각해선 안 된다. 진정성을 어김은 하늘을 속이는 일이자 자신을 속이는 것이다.

다음 글을 보자.

촛불을 들고 거리에서 '삼성도 공범이다'를 외치던 나는 어머니가 등록금에 보태라고 10년 만에 꺼내 주신 삼성펀드 통장을 손에 들고 이재용의 석방을 은근히 기대하고 있었다.

이재용의 석방이 주가를 올려 줄지 아닐지도 모르는데, 왜인지 나의 논리 회로는 이재용이 석방되면 삼성에 좋은 일이고, 주식에도 좋은 영향이 있을 것이고, 펀드 환급금에도 좋은 영향이 있으리라고 판단했던 것이다.

참 소박하고 후진 생각이다. 굵직한 재판이 풍년인 요즘 판결 소식을 들으면 이 기억이 문득 떠오른다. 대부분 피식 부끄럽고 마는데, 가끔 이 기억이 무섭고 두려울 때가 있다.

— 인권연대 소식지(2018년 4월 4일)에 실린 서동기의 〈이재용의

재벌을 비판했지만 정작 재벌과 자신이 이해관계가 되자 재벌을 편들게 되는 자기모순에 대한 반성이자 두려움을 고백한 글이다. 이처럼 사회는 수시로 나의 진정성을 시험한다. 이를 견뎌 낼 만큼 우리 마음은 견고한가. 그렇지 않다. 그렇기 때문에 진정성을 지키기가 어렵다. 진정성을 추구할수록 그만큼 나약한 자신을 발견하게 된다. 그러나 이 괴리와 마주하는 순간 변화는 꿈틀댄다. 온전히 한결같은 사람이란 애초에 없기 때문이다. 인식하고 노력하는 사람과 그렇지 않은 사람이 있을 뿐이다. 하나씩 바꾸면 된다. 걸음이 느려도 들어선 길이 틀리지 않다면 언젠가는 그 끝에 이른다.

【 4장 】

목숨처럼 마음을 지켜야 하네

〈문언전〉*에서 건괘 구이를 이렇게 풀이하셨다.
"말은 늘 미덥게 하고 행동은 늘 신중히 하여
삿됨을 막고 진정성을 지켜라."

易乾之九二 子曰 庸言之信 庸行之謹 閑邪存其誠
역건지구이 자왈 용언지신 용행지근 한사존기성

《주역》

* 《주역》은 64괘에 관한 본문과 십익十翼이란 부록으로 구성돼 있다. 〈단전〉, 〈상전〉, 〈계사전〉,
〈문언전〉, 〈설괘전〉, 〈서괘전〉, 〈잡괘전〉이 여기에 속하는데, 본문의 주석에 해당된다. 십익을
공자가 지었다는 설이 있다.

❖

《주역》의 건乾괘 구이에 관한 공자의 해설이다.

《주역》은 크게 64괘로 구성돼 있는데 첫 번째 괘가 '건괘'다. 태극기 좌측 상단의 패이기도 하다. 건괘는 6개의 양효*로 구성되어 있는데, '구이九二'라는 것은 맨 아래에서 두 번째 양효를 가리킨다.(그림 참조) 구이는 용이 논밭에 머물며 꿈틀대고 있는 이미지다. 용이 하늘로 날지 않고 논밭에 머물고 있으니 아직 성장하지 못한 용이다.

풀이하자면, 큰 뜻을 품고 한 분야에 막 들어선 초심자의 상황이다. 사람 나이로 치면 20대로 볼 수 있다. 칠순이 넘었더라도 은퇴하고 새로운 일을 시작했다면, 역시 이에 해당한다. 마음공부를 시작하는 사람도 여기에 든다. 따라서 공자의 이 말은 특히 초심자에게 건네는 조언이라 할 수 있다.

시작하는 단계일수록 신중해야 한다. 신중함은 소극적으로 대처

---

* 효는 가로 그은 획을 말하며, 양효와 음효가 있다. 양효는 '―'이고, 음효는 '― ―'을 가리킨다.

하라는 말이 아니다. 오히려 더욱 철저히 적극적으로 응하라는 뜻이다. 첫걸음을 어느 방향으로 내딛느냐에 따라 천 걸음 뒤의 위치가 결정된다. 그러므로 지도를 대충 보지 말고 철저하게 살피고, 주변 사람들에게도 물어 가며 적극적으로 나아가야 한다. 그렇게 신중하게 첫발을 내딛어야 한다.

사람은 물드는 존재다. 초심자일수록 더 그럴 수 있다. 여기에서는 생략되었지만, 이 인용문 전에 '큰 어른을 뵙는 것이 이롭다[利見大人]'는 문장이 있다. 공자는 무언가를 시작했다면 그 분야의 모범적인 어른을 가까이해야 한다고 조언한 것이다.

고전 읽기에서부터 마음공부를 시작해야 이유도 여기에 있다. 고전은 거장의 삶과 사유가 오롯이 담긴 지혜의 축적물이다. 공자의 말을 읽을 때는 공자의 향기가, 예수의 행적을 읽을 때는 그 행적이 우리 마음에 새겨진다. 그래서 본받을 만한 어른과 좋은 말을 접하려고 노력해야 한다. 그렇지 못한 것들은 멀리해야 하고 말이다. 물론 평생 그럴 수는 없다. 초심자는 자신을 지켜 낼 무언가가 아직 마련되어 있지 않으니 그러라는 것이다.

여기서 하나 잊지 말아야 할 점은 우리를 물들이는 대상이 남의 언행뿐만이 아니라는 것이다. 자신의 언행에도 우리는 물들 수 있다. 내 말을 가장 먼저 듣는 사람이 나요, 내 행동을 가장 먼저 보는 사람도 나이기 때문이다. 내가 누군가에게 욕을 퍼부었다면 그 욕을 나도 듣는다. 내게 욕을 한 것과 마찬가지다. 그러므로 나의 언행 또한 조심해 삿됨을 막아야 한다. 그렇게만 한다면 초심자의 '첫 마음'이자 인간 본연의 진정성은 저절로 지켜질 것이다.

이를 두고 정자程子*는 다음과 같이 말한다.

> 삿됨을 막으면 진정성은 절로 보존된다. 마치 집 담장을 수리하지 않으면 도둑을 막을 수 없는 것과 같은 이치다. 동쪽에서 도둑이 들어와 쫓아내면 다시 서쪽에서 들어오고, 한 사람을 쫓아내면 다른 사람이 또 들어오니 담장을 수리해 도적이 얼씬도 못하게 해야 한다.

도둑이 올 때마다 매번 쫓아내느니 애초에 못 들어오게 튼튼한 담을 쌓는 것이 더 현명하다. 몸가짐을 삼가 삿됨을 예방하는 것은 담을 쌓는 일과 같다. 담이 집을 지키듯, 삿됨을 막는 것으로 나의 마음을 지켜야 한다.

하지만 언젠가 그 담도 허물 수 있어야 한다. 담이 필요한 것은 초심자에 한해서다. 자유를 위해선 우선 자율이 필요하나 때에 따라서는 그 자율마저 넘어서는 유연함과 용기가 필요하다.

---

* 정자. 중국 송나라 성리학자 정호程顥와 정이程頤 형제를 가리키는 존칭이다. 둘은 '리理'라는 형이상학적 개념을 도입해 세상을 해석했다. 사후 주돈이, 소옹, 장재, 주희와 더불어 송조 육현(송나라의 여섯 현인)으로 추앙받았다.

【 5장 】

공부만 하고 실천이 없다면
허망하지 않은가

〈문언전〉에서 곤괘 육이를 이렇게 풀이하셨다.

"군자는 경敬으로 안을 곧게 하고 의義로 밖을 바르게 한다.

경과 의가 서야 덕德이 외롭지 않다.

곧고 바르고 크면 연습이 없더라도 이롭지 않음이 없으니,

실천을 의심할 필요가 없기 때문이다."

易坤之六二曰 君子敬以直內 義以方外 敬義立而德不孤
역 전 지 육 이 왈 군 자 경 이 직 내 의 이 방 외 경 의 립 이 덕 불 고

直方大 不習無不利 則不疑其所行也
직 방 대 불 습 무 불 리 즉 불 의 기 소 행 야

《주역》

❖

경敬은 엄숙한 마음으로 자신을 성찰하고 만물에 경외심을 갖는 것을 말한다. 후대의 성리학에서는 경을 주일무적主一無適이라 설명했다. 주일무적은 마음을 한곳으로 모아 흩어지지 않게 하는 수양법이다. 의義는 말 그대로 의로움을 뜻한다. 불의한 일이 벌어졌을 때 의로움을 실천하는 것이다. 경이 내적이고 관념적인 수양이라면, 의는 외적이고 실질적인 행동에 속한다. 이 둘을 두루 갖춰야 한다. 의 없는 경은 허망하고, 경 없는 의는 위험하다. 즉 행동 없는 수양은 허망하고, 수양 없는 행동은 위험하다. 그래서 경과 의가 함께 서야 덕이 외롭지 않다는 것이다.

경과 의를 겸비한 대표적인 인물이 조선 중기의 남명 조식이다. 조식은 늘 허리춤에 방울과 칼을 함께 차고 다녔다. 움직일 때마다 울리는 방울 소리를 들으며 자신을 성찰하고, 칼을 지님으로써 불의를 보았을 때 맞설 것을 다짐했다. 실제로 그는 벼슬길에 나아가지 않고 수양에 전념해 자타가 인정하는 경지에 올랐다.

그의 의로움을 드러낸 것 중 하나가 상소문 〈단성소〉다. 첫 문단을 보자.

전하께서 나랏일을 잘못 다스리신 지 이미 오래되어, 나라의 기틀은 진작 무너졌고, 하늘의 뜻도 이미 떠났으며, 백성의 마음 또한 이미 전하에게서 멀어졌습니다. 비유하자면 큰 나무가 백 년 동안이나 그 속을 벌레한테 파먹혀 진이 빠지고 말라죽었는데도 그저 바라보고만 있는 형국입니다.

서슬 퍼런 문장이다. 민주사회인 오늘날에도 회사 평직원이 대표나 상사들에게 이런 수위의 비판을 했다면 바로 해고되거나 눈총을 받다 끝내 회사를 그만두게 될 것 같다. 임진왜란이 일어나자 곽재우와 정인홍 등 조식의 제자 수십 명이 의병장으로 나선 것 역시 조식 학단의 경, 의 수행의 수준을 짐작하게 한다.

공자의 "곧고 바르고 크면 연습이 없더라도 이롭지 않음이 없다"는 말은 무슨 뜻일까. 프랑스 철학자 알랭 바디우는 '사건'에 의해 진리의 범주가 재구성된다고 말했다. 사건이란, 우연적인 출현 즉 갑작스럽게 일어나는 일을 말한다. 진리의 범주가 재구성된다는 것은, 한 개인 혹은 사회가 진리라고 믿었던 것의 내용과 범위가 바뀌게 됨을 말한다. 다시 말해, 갑작스럽게 일어난 사건이 사람을 변화시키고 사회도 바꾼다는 것이다.

그런데 그 변화는 좋은 것일 수도 나쁜 것일 수도 있다. 그것은 마치 사건이 갑작스레 닥치는 것처럼 예상할 수 없는 일이다. 그러나 평소에 경과 의로 수양해 놓았다면 "연습이 없더라도 이롭지 않음이 없다." 그는 무엇이 오든 긍정적인 방향으로 나아갈 게 틀림없다.

【 6장 】

고통의 미덕은 무엇인가

〈상전〉에서 손괘를 이렇게 풀이하셨다.

"산 아래 연못이 있는 게 손損이니

군자는 이를 미루어 성냄을 멎고 욕심을 그친다."

損之象曰 山下有澤損 君子以懲忿室慾

손 지 상 왈   산 하 유 택 손   군 자 이 징 분 질 욕

《주역》

❖

여기서는 손損괘에 대해 이야기한다. 손은 손해 본다는 뜻이다. 주역으로 점칠 때, 이 괘를 뽑으면 불행한 일이 생긴다고 여겼다. 그런데 손괘는 위에 산이 있고 아래에 연못이 있는 이미지인데, 산의 흙을 깎아 내 아래 연못을 메꾸는 형상이다. 성호 이익은 이 중 산을 성냄으로, 연못을 욕심으로 연결한다. 산을 깎는 마음으로 성냄을 멈추고, 연못을 흙으로 메꾸는 심정으로 자신의 욕심도 그치길 바란다. 손해 보는 악조건에서도 도리어 배움을 얻는다는 뜻이다.

손해를 보면 화나는 게 보통이다. 그런데 화를 내지 않음으로써 그 '보통'에 맞설 수 있다면, 그 사람은 더는 '보통 사람'이 아니다. 한 단계 도약하게 된다. 그게 어렵다면, 화가 마음 밑바닥에서부터 올라오기 시작할 때를 감지했다가 눈을 감고 언제나 우직한 산의 모습을 상상하라. 그러면 조금이라도 마음이 진정될 것이다. 욕심이 일 때도 마찬가지다.

곤경에서 배우는 것을 불교의 〈보왕삼매론〉*은 다음과 같이 구체화한다.

몸에 병이 없기를 바라지 마라. 몸에 병이 없으면 탐욕이 생기기 쉽다. 그래서 성인은 '몸의 병을 삶의 약으로 삼아라'고 하셨다. 세상살이에 곤란함이 없길 바라지 마라. 세상살이에 곤란함이 없으면 경솔하고 사치한 마음이 생긴다. 그래서 성인은 '근심과 곤란으로 세상을 살아가라'고 하셨다. 남이 내 뜻대로 순종해 주길 바라지 마라. 남이 내 뜻대로 순종해 주면 마음이 교만해진다. 그래서 성인은 '내 뜻에 맞지 않는 사람들을 마치 집 마당의 수풀처럼 곁에 두라'고 하셨다.

몸이 아플 때 욕심은 가벼워진다. 건강할 때는 이것저것 갖고 싶고 성취하고 싶은 게 많은데, 몸이 아플 때는 '몸만 아프지 않았으면' 하는 마음뿐이다. 또 자신이 아파 보니 그동안 깊이 공감하지 못했던 타인의 고통도 새삼 느껴진다. 출세가도를 달리던 사람도 곤경에 처하면 겸손해진다. 지금의 실패가 온전히 나의 탓이 아니듯이, 이전의 성공이 온전히 나의 덕이 아니었음을 뒤늦게 깨닫기 때문이다. 주위에 좋은 말 하는 사람만 있으면 문제점을 파악하지 못한다.

* 〈보왕삼매론寶王三昧論〉은 명나라 승려 묘협妙叶이 쓴 《보왕삼매염불직지》에서 '열 가지 곤경' 항목만 발췌한 글이다. 열 가지 중 여기서는 세 가지만 실었다.

그럴수록 나는 거만해져 언젠가 큰 실수를 저지르게 된다. 그래서 나를 위해서라도 쓴소리를 해 줄 사람이 꼭 필요하다.

이처럼 곤경은 우리를 깨우친다. 그런데 문제는 상황이 나아지면 금세 그 마음을 잊는다는 데 있다. 반면 대인은 그 마음을 잊지 않는다. 그래서 배움을 얻는다. 막히는 데서 도리어 뚫는 법을 깨우치는 것. 이것이 삶의 묘미이자 진보의 실마리다.

7장

담배는 내일이 아니라
당장 끊는 것일세

〈상전〉에서 익괘를 이렇게 풀이하셨다.
"바람과 번개가 익益이니,
군자는 이를 미루어 선을 보면 옮기고
허물이 있으면 고친다."

益之象曰 風雷益 君子以見善則遷 有過則改
익 지 상 왈 풍 뢰 익 군 자 이 견 선 즉 천 유 과 즉 개

《주역》

여기서는 익益괘를 설명한다. 익은 이익을 뜻한다. 앞 장 손괘와 달리 이 괘를 뽑으면 좋은 일이 생기리라 기대했다. 이 괘는 아래에선 번개가 치고 그 위에선 바람이 부는 형상이다. 선한 것을 접하거든 바람이 꽃씨를 옮기듯 선을 옮겨야 한다. 선을 옮긴다는 것은 타인에게 선을 행하는 것이자 타인의 선함을 본받는 것을 뜻한다. 선을 바람에 비유한 까닭은 바람이 있는 듯 없는 듯 꽃씨를 실어 나르듯 선 또한 그리 행하라는 조언은 아닐까.

반면 허물은 번개처럼 바로 고쳐야 한다. 그래야 겨우 끊어 낼 수 있다. 하나씩 줄여 가겠다는 안일한 생각으로는 절대 바꿀 수 없다. 담배를 끊기로 했다면 당장 끊어야 한다. 다음 주부터 하겠다거나 양을 줄여 가겠다는 마음이라면 영영 못 끊을 것이다. 주희 또한 선을 실천하는 것과 허물을 고치는 것 중 후자가 더 어렵다고 말했다. 허물을 고치려면 담대한 용기가 필요하다.

조금 다른 해석이지만, 익괘 이미지는 사회가 나아갈 방향도 생각해 보게 한다. 바람 부는 상층은 지배층의 영역이라고 볼 수 있고, 번개가 내리치는 하층부는 피지배층이라 할 수 있다. 지배층은 사회가 급격하게 변화는 걸 꺼린다. 천천히 제도를 개선하고 새로 도입하는 등 미온적인 변화를 원한다. 움켜쥔 것이 많고 그것을 지키고 싶기 때문이다. 하지만 사회 맨 밑에서 거의 매일 사회 부조리를 직접 보고 겪는 피지배층은 순간 번개가 치듯이 곧바로 잘못된 것들을 뜯어고치기를 원한다. 그 과정에서 4·19혁명 같은 혁명도 일어난다. 잘못된 것을 고치는 데는 무릇 과감함이 필요하다.

【 8장 】

잘못을 알기 위해 배우게

복괘 초구에 실려 있다.

"머지않아 돌아오니 후회가 적다. 크게 길하다."

이에 공자께서 〈계사전〉에서 말씀하셨다.

"안회가 이에 가깝다.

선하지 않은 것을 일찍이 알아보았고 선하지 않은 것은

일찍이 다시 한 적이 없었다."

復之初九曰 不遠復 無祗悔 元吉 子曰 顔氏之子

복지초구왈 불원복 무지회 원길 자왈 안씨지자

其殆庶幾乎 有不善 未嘗不知 知之 未嘗復行也

기태서기호 유불선 미상부지 지지 미상복행야

《주역》

"머지않아 돌아온다"는 것은 설사 허물을 저질러도 금세 고친다는 뜻이다. 성인은 허물이 없는 존재가 아니라 허물을 자각하고 즉각 고치는 존재다. 안회는 성인에 버금간다고 불린 공자의 제자다. 생전에 공자는 안회가 자신보다 낫다고 했는데, 자기 허물을 인식하고 바로 고치려 한 사람이기 때문이다.

허물을 인식하려면 먼저 배움이 있어야 한다. 허물을 인식한다는 것은 곧 문제의식을 품는다는 뜻인데 이는 배움에서 비롯된다. 나를 모르면서 나의 허물을 알 도리는 없다. 사회를 모르면서 사회의 허물을 인식할 수 없다. 페미니즘을 모르면서 페미니즘을 비판하는 것은 어불성설이다. 모든 게 그렇다. 그래서 공자 학단은 호학好學, 즉 '배움을 좋아하는 것'을 중시했다. 겸손했던 공자가 배움을 좋아하는 것에 관한 한 천하에 자기만 한 사람이 없다고 자부했을 정도다.

그렇게 배움이 선행되어야 허물을 인식할 수 있고, 그 뒤에야 비로소 고칠 가능성이 열린다. 일단 허물임을 안다면 자꾸 그것을 고치려 노력하게 되어 있다. 다만 앞 장에서 강조했듯이, 허물을 자각한 순간 바로 끊어 낼 용기도 함께 필요하다.

공자의 글은 늘
우리를 뒤흔들어 놓네

《논어》, 《중용》, 《대학》, 〈악기〉의 문장들

2부 글은 《논어》, 《중용》, 《대학》, 〈악기〉에서 발췌한 문장들이다. 이 중 저술 시기가 가장 빠른 책이 《논어》다. 공자의 말과 사상을 담은 《논어》가 나온 후 공자 사상을 계승한 《중용》, 《대학》, 〈악기〉가 나왔다. 사실 《중용》, 《대학》은 본래 《예기》란 책에 수록된 논문이었다. 이것을 송나라 주희가 《중용》, 《대학》으로 따로 분리해 내 《논어》, 《맹자》와 함께 사서四書로 구성한 것이다. 〈악기〉는 그대로 《예기》에 남았다.

《논어》, 《중용》, 《대학》, 〈악기〉는 모두 인간 중심적이다. 신과 저세상[彼岸]에는 도통 무관심하다. 오직 현세의 인간에 초점을 맞춘다. 이 글들에 따르면, 인간이 어떻게 하느냐에 따라 세상은 달라질 수 있다. 그런 점에서 인간은 때로 신에 버금가기도 한다. 이때의 신은 인간을 지지하고 북돋는 존재로 머문다. 인간의 문제는 오직 인간만이 풀 수 있다는 결자해지가 반영된 것이다. 따라서《논어》,《중용》,《대학》,〈악기〉의 목표는 인간 세상을 바꾸기 위한 인격 수양이다. 그 방법은 책마다 조금씩 다르다. 살펴보자.

'감동 정치' 주창한 공자

《논어》는 공자 어록이다. 공자는 BC 6세기 춘추시대 노나라에서 태어났다. 일찍이 학문에 뜻을 두었다. 온갖 책을 섭렵했고, 자신만의 철학을 구축했다. 온고지신한 것이다. 명성이 자자해지자 제자가 되기를 희망하는 이가 전국에서 모여들었다. 공자는 유교무류有敎無類, 즉 '교육은 있되 차별은 없다'며 배움의 의지만 보이면 신분 고하를 막론하고 받아들였다. 제자가 늘어 학단을 이룰 정도였지만 공자의 최종 꿈은 교육이 아니었다. 직접 정치에 참여해 세상을 개혁하고 백성을 편안케 하는 데 있었다. 교육에 힘쓴 것 역시 세상을 바꿀 인재를 양성하기 위해서였다.

당시 중국은 제후국으로 나뉘어 각축전을 벌이고 있었다. 법을 엄히 세우고 군사력을 길러 강대국이 되는 것을 국시로 삼은 국가도 많았다. 그러나 공자는 법이 아닌 사랑과 예로 나라를 다스려야 한다고 주장했다. 처벌을 강화하면 백성은 두려워 몸을 사릴 뿐, 감복하지는 않는다는 것이다. 백성을 어떻게 할 게 아니라, 먼저 위정자 스스로 덕을 쌓는 데 힘써야 한다고 강조했다. 오늘날로 치면 '감동 정치'를 주창한 셈이다. 공자는 경제 분야에서도 성장보다 분배를 중시했다. 이러한 공자의 사상은 당시에는 이상론으로 여겨져 배척됐으나, 훗날 《논어》로 남아 동아시아 문명에 큰 영향을 끼쳤다.

《중용》은 공자의 손자 자사子思가 지었다. 《논어》 집필 시기와 비슷한 BC 5세기경에 집필됐다. 유교 경전 중 가

장 철학적이다. 사서 중 《중용》을 가장 나중에 읽으라고
한 이유이기도 하다. 동서 철학을 종횡하는 석학 도올 김
용옥도 자기 철학의 최종점에 《중용》을 둔다. 그만큼 난
해하고 깊은 책이다. 글이 체계적으로 선개되어 지엽에 매
달리지 않고 중심을 잡고 읽어 나간다면 한편 쉬이 읽히
는 책이기도 하다. 《중용》의 핵심 개념은 '중용中庸'과 '성
誠'이다. 쉽게 말하면 '알맞음'과 '진정성'이다. 《중용》은 이
둘을 통해 인격과 국격 향상을 도모한다. 먼저 나를 다스
린 후 나라를 다스리려는 것이다.

"내가 변해야 세상이 변한다"

《대학》은 BC 5세기 혹은 BC 4세기에 쓰인 것으로 추
정된다. 작자 미상이다. 고전의 작자 미상이라는 말은 누
가 지었는지 이름을 모른다는 뜻이라기보다는 한 학파
에 속한 이들의 공동 저작일 가능성이 크다는 의미다. 《대
학》 역시 공자 계승자들이 그의 철학을 체계화하기 위해

지은 것으로 보인다. 《대학》의 핵심 내용은 삼강령三綱領 팔조목八條目이다. 삼강령은 명덕明德을 밝히는 '명명덕', 백성을 새롭게 하는 '신민新民', 지선至善에 이르게 하는 '지어지선'을 이르는데, 쉽게 말해 나를 다스리고 백성을 편안케 해 지극한 선에 이르는 것을 말한다. 팔조목은 공부와 실천의 순서를 말하는데, 격물格物·치지致知·성의誠意·정심正心·수신修身·제가齊家·치국治國·평천하平天下 순이다. 격물은 일과 사물을 분석하는 것, 치지는 앎이 형성되는 것이고, 성의는 마음이 진실해짐을 뜻한다. 정심은 마음이 바르게 되는 것이고, 수신은 '나'를 닦음이며, 제가는 가정을 다스림이다. 치국은 나라를 다스리는 것이고, 평천하는 천하를 평안케 하는 것을 이른다. 유명한 '수신제가치국평천하'란 말이 여기에서 나왔다.

〈악기〉는 앞의 책들보다 더 이후에 쓰인 글인데, 전국시대 말부터 한나라 초기 사이에 쓰인 것으로 추정된다. BC 3세기에서 BC 1세기 무렵이다. 역시 작자 미상이다. 공자 학파 중에서도 순자 계열 학자들이 쓴 것 같다. 〈악기〉의 주제는 음악인데, 당시의 풍속과 예술관을 엿볼 수 있는 중요한 사료다. 예부터 공자 학단은 음악을 중요시했다. 공자는 좋은 음악을 들으면 한동안 아무것도 먹지 않아도 즐겁다고 했으며, 악사들을 존숭했다. 공자 학단이 음악을 중시한 것은 음악으로 인격을 수양할 수 있다고 믿었기 때문이다. 공자 학단은 더 나아가 음악을 중요한 국가 통치 수단으로까지 보았다.

이처럼 《논어》에서는 사랑과 예를,《중용》은 중용과 성을,《대학》은 삼강목 팔조목을, 〈악기〉에서는 음악을 수양법으로 제시했다. 방법은 조금씩 달라도 자신을 다스리는 데서 모든 변화가 시작된다는 주장은 겹친다. '마음 다스림'이 근원적인 출발선임을 다시 확인시켜 주는 것이다.

9장

'나'를 버리기 위해 배우는 걸세

공자께서는 네 가지를 끊으셨다.
뜻[意]이 없었고, 반드시[必]라는 것이 없었으며,
고집[固]이 없었고, 나[我]가 없으셨다.

子絶四 毋意 毋必 毋固 毋我
자 절 사 무 의 무 필 무 고 무 아

《논어》

네 가지를 말했지만 다 같은 말이다. 어떤 하나만 옳다고 고집하지 말라는 것이다.

주희는 이 네 가지를 다음처럼 해석했다.

네 가지는 서로 원인과 결과가 된다. 사사로운 뜻[意]이 일어나 반드시[必] 하고자 하는 마음이 되고 이는 고집[固]하는 데 머물러 사사로운 나[我]가 된다. … 사사로운 나[我]가 다시 사사로운 뜻[私意]을 내게 되면 물욕에 이끌리는 삶을 살게 되고, 이것은 끊임없이 반복 순환하게 된다.

넷 중 근본은 나다. 공자가 부정한 나는 홀로 존재한다고 생각하는 사사로운 '나'다. 공자 사상에서뿐만 아니라 동아시아 철학에서 나는 관계에 근거한다. 쉽게 말해 타인이 있어 내가 존재하는 것이다. 이것은 나라는 존재가 시대와 환경의 산물임을 반증한다. 주변의 영향을 받지 않는 고고한 나란 없다.

공자에게는 고정불변의 사사로운 나가 없어 고정된 뜻도, '반드시'도, 고집도 없었다. 그건 공자가, 자신의 가치관과 신념 또한 절대적인 것이 아니라 자신이 발 딛고 서 있는 시대와 환경의 산물임을 알고 있었기 때문이다. 그래서 자기만 옳다고 고집하지 않은 것이다.

반면 서양철학은 줄곧 '나'가 중심이었다. '나-너'의 관계를 아예 '주체-객체'로 바꿔 부름으로써 나와 타인의 구별을 더욱 수직적으로 확고히 하고자 했다. 세상에는 인식 주체인 '나(주체)'와 인식 대상인 '너(객체)'만이 존재하게 됐다. 그리고 이것은 주체인 나의 생각만이 옳다는 편협한 진리론으로 이어졌다.

프랑스 철학자 레비나스는 이 같은 주체 중심의 서양철학사를 돌아보면서 "주체는 타자의 인질"이라고 통찰했다. 타자라는 너와의 관계가 없다면 주체 역시 존재할 수 없다는 것이다. 그러면서 주체와 진리를 앞세우는 철학은 전체주의적이며, 근대 서양의 전체주의 국가들 역시 주체 중심의 철학에서 비롯됐다고 분석했다. 그래서 아직도 곳곳에 잔존하는 전체주의적 사고를 끊어 내려면 우선 주체 중심의 철학에서 탈피해 타자와의 관계를 중시하는 철학으로 옮겨 가야 한다고 주장했다.

이러한 레비나스의 문제의식은 '나' 중심을 부정했던 공자의 철학과 상통한다. 2500년 전 공자가 서양의 현대 철학자와 닿을 수 있었던 것은, 공자가 끊임없이 배움을 추구했기 때문에 가능했다. 배운다는 것은 타인의 주장과 의견 그리고 다른 시대, 환경의 사상과 지식에 귀 기울이는 것이다. 공자가 지금까지 성인으로 추앙받는 이유는 이렇게 자기 시대에 갇히지 않으려 노력했기 때문이다.

【 10장 】

타인을 사랑하려면
어떻게 해야 할까

안회가 인仁이 무엇인지 공자께 물었다.

"자기를 극복하고 예禮로 돌아가는 것이 인의 실천일세.

하루라도 자기를 극복하고 예로 돌아간다면

천하가 인으로 돌아갈 것이네.

인의 실천이 자기에게서 비롯되지 남에게서 비롯되겠는가."

顏淵問仁 子曰 克己復禮爲仁 一日克己復禮
안연문인 자왈 극기복례위인 일일극기복례

天下歸仁焉 爲仁由己 而由人乎哉
천하귀인언 위인유기 이유인호재

《논어》

인은 사람을 사랑하는 것이다. 위정자가 널리 은혜를 베풀어 빠짐없이 백성을 구제할 수 있다면 인을 실현한 것이라고 공자는 말한 바 있다. 그러나 인이 꼭 이런 뜻으로만 쓰이는 건 아니다. 인은 공자 철학이 추구하는 가장 높은 가치라고 넓게 생각하면 되겠다.

안회는 인이 무엇인지 물었는데, 공자는 인의 실천에 관해 말한다. 이곳뿐만이 아니라 공자는 《논어》 곳곳에서 추상적인 질문에 구체적인 지침으로 답한다. 인이란 형이상학적인 담론이 아니라 구체적인 실천을 통해 이룩할 수 있는 것이기 때문이다.

"자기를 극복"한다는 것은 앞 장에서 말한 "사사로운 나"를 극복한다는 뜻이다. 즉 '나'는 고정불변하다는 고집을 버리는 것이다. 그 다음, 예로 돌아가라 한다. 여기서 예는 예의범절 같은 말에 쓰인 예를 뜻하지 않는다. 주희는 예를 "하늘의 이치를 따른 것. 인간이 본받아야 할 도리"라고 해석했다. 하늘의 이치, 즉 인간이 하늘로부터 부여받은 도심을 상황과 때, 대상에 알맞게 구체적으로 드러내는 것, 마땅히 인간이 지키고 본받아야 할 법칙을 '예禮'라는 한 글자로 개념화한 것이다.

정리하자면, 사사로운 나를 극복하여 하늘의 이치로 돌아가는 것이 인을 실천하는 방법이다. 그렇게만 하면 천하가 인으로 돌아간다고 했다. 하버드대의 연구 성과를 바탕으로 쓴 책《행복은 전염된

다》를 보면 '3단계 모방 법칙'이 나온다. 내 생각과 감정이 친구의
친구의 친구에까지 영향을 끼친다는 연구 결과다. 그만큼 나 한 사
람의 감정, 생각, 행동이 세상에 아주 큰 영향을 미친다는 것이다. 그
러므로 내가 인을 실천하면 결국 온 세상이 인으로 돌아갈 수 있다.
인의 실천은 나를 극복하는 것에서 시작된다. 공자가 인의 실천이
자기에게서 비롯된다고 말한 이유다.

—

안회가 말했다.
"(인을 실천할) 자세한 방법을 듣고 싶습니다."
공자께서 말씀하셨다.
"예가 아니면 보지 말고 예가 아니면 듣지 말며
예가 아니면 말하지 말고 예가 아니면 행동하지 말게."
안회가 말했다.
"제가 비록 우둔하지만 이 말씀은 실천하겠습니다."

顔淵曰 請問其目 子曰 非禮勿視 非禮勿聽 非禮勿言
안 연 왈 청 문 기 목 자 왈 비 례 물 시 비 례 물 청 비 례 물 언

非禮勿動 顔淵曰 回雖不敏 請事斯語矣
비 례 물 동 안 연 왈 회 수 불 민 청 사 사 어 의

《논어》

도리가 아닌 것은 보지도 듣지도 말고, 말하지도 행동하지도 말라

고 한다. 보고 듣는 것은 소극적 자세고, 말하고 행동하는 것은 적극적 자세다. 공자는 소극적이든 적극적이든 도리가 아닌 것은 가까이해서는 안 된다는 것을 철칙으로 강조했다. 흔히 "이것도 경험이야" 하는 말은 무서운 유혹이다. 널리 배우는 것은 좋지만, 배움을 명분으로 도리에 어긋나는 일까지 이것저것 접해 보는 것은 진정한 배움이 아니다.

보고 듣고 말하고 행동하는 것이 우리의 일상이다. 일상을 다스려야 인에 가까이 갈 수 있다. '나'라는 것은 일상과 일상이 모여 만들어지는 것이기 때문이다. 법정 스님이 〈오늘 하루 내 살림살이〉(《홀로 사는 즐거움》에 실린 글)에서 말했듯이 그렇다.

오늘 나는 이와 같이 보고, 듣고, 먹고, 말하고, 생각하고, 행동했다. 이것이 바로 현재의 내 실존이다. 그리고 이런 일들이 나를 형성하고 내 업을 이룬다. 당신은 오늘 무엇을 보고, 무슨 소리를 듣고, 무엇을 먹었는가. 그리고 무슨 말을 하고 어떤 생각을 했으며 한 일이 무엇인가. 그것이 바로 현재의 당신이다. 그리고 당신이 쌓은 업이다. 이와 같이 순간순간 당신 자신이 당신을 만들어 간다. 명심하라.

11장

백성을 큰 손님처럼 대하게

중궁이 공자에게 인이 무엇인지 물었다.

"문을 나서서는 모든 것을 큰 손님을 대하듯이 해야 하고
백성에게 무언가를 시킬 때는 큰 제사를 받들 듯이 하며,
자기가 원치 않는 바를 남에게 시키지 말게.
벼슬에 있을 때는 원망이 없어야 하고
집 안에 있을 때도 원망이 없어야 하네."

중궁이 말했다.

"제가 비록 우둔하지만 이 말씀은 실천하겠습니다."

仲弓問仁 子曰 出門如見大賓 使民如承大祭 己所不欲
중궁문인　자왈　출문여견대빈　사민여승대제　기소불욕

勿施於人 在邦無怨 在家無怨 仲弓曰 雍雖不敏 請事斯語矣
물시어인　재방무원　재가무원　중궁왈　옹수불민　청사사어의

《논어》

❖

　중궁은 공자의 제자다. 안회와 같은 질문을 했는데 답은 사뭇 다르다. 안회는 형편이 어렵고 내성적이어서 정치와는 맞지 않았다. 반면 중궁은 공자가 "가히 임금이 될 만하다"고 칭찬할 정도로 정치적 자질이 뛰어났다. 그래서 안회에게는 일상에서 인을 실천할 수 있는 방법을, 중궁에게는 위정자로서 인을 실천할 수 있는 방법을 일러준 것이다. 그 방법을 하나씩 보자.

　첫 번째, 문을 나서서는 모든 것을 큰 손님 대하듯이 해야 한다. 길에서 만나는 이들을 큰 손님처럼 공경하는 마음으로 대하라는 뜻이다. 당시 길에서 만나게 되는 이는 대부분 신분이 낮았다. 공자는 이들을 염두에 두고 말했을 것이다.

　두 번째, 백성에게 무언가를 시킬 때는 큰 제사를 받들듯이 해야 한다. 전쟁을 벌이거나 성을 쌓는 등 부득이하게 백성의 노동력을 빌려야 할 일이 생기거든, 큰 제사를 받들 듯이 진행하라는 뜻이다. 백성을 동원하는 것을 당연시하지 말라는 조언이다. 제사를 지낼 때 기본 마음가짐은 송구함과 감사함이다. 불효자라는 송구함과 조상의 은혜에 대한 감사함이다. 백성의 노동력을 빌려야 할 때도 이런 마음을 가져야 한다는 것이다.

　세 번째, 자기가 원치 않는 바를 남에게 시켜선 안 된다.《대학》에서는 이 구절을 더 자세히 설명한다.

윗사람은 자신이 싫어하는 것으로 아랫사람을 부리지 말고 아랫사람은 싫어하는 것을 행함으로써 윗사람을 모시지 말며, 앞사람은 싫어하는 것으로 뒷사람을 앞서려 하지 말고 뒷사람은 싫어하는 것을 행함으로써 앞사람을 따라잡지 말며, 오른편 사람은 싫어하는 것으로 왼편 사람과 사귀지 말고 왼편 사람은 싫어하는 것을 행함으로써 오른편 사람과 사귀지 마라.

네 번째, 벼슬에 있을 때 원망이 있어선 안 된다. 좋은 뜻으로 정치를 시작했어도 정치를 하다 보면 자칫 백성에 대한 원망을 품기 쉽다. 백성을 위하는 자기 마음을 백성이 몰라줄 때도 많기 때문이다. 점차 백성을 우민愚民으로 여겨 원망할 수도 있다. 이를 경계하라는 뜻이다.

다섯 번째, 집 안에 있을 때도 원망이 없어야 한다. 바깥에서 쌓인 스트레스를 집 안에서 풀기 쉽다. 만만하게 여겨서다. 당시는 지금보다 성차별이 심했으니 특히 부인을 원망하고 박대하는 경우가 많았을 것이다. 오늘날에도 사회적으로 존경받는 명사들이 집 안에서는 다른 얼굴을 보여 실망시키는 일이 적지 않다. 일찍이 공자는 공적으로 원망받을 일이 없어야 하듯이 생활에서도 그래야 한다며 경계했다.

퇴계 이황 문하에 이함형이란 이가 있었다. 순천에서 안동까지 글을 배우러 올 정도로 학문에 대한 열의가 뛰어났으나, 유독 아내를 하대하는 못된 버릇이 있었다. 이를 안 이황은 이함형이 고향으로 떠나는 날, '절대 도중에 열지 말고 꼭 집 앞에서 열어 보라'는 당부와 함께 편지를 써 주었다. 편지의 대략은 이렇다.

나는 두 번 장가를 갔으나 한결같이 불행했네. 그렇지만 감히 한번도 처를 박대하려는 마음을 가져 본 적이 없으며, 그저 애써 잘 지내려고 노력하며 살아온 것이 십수 년이 되었네. 그 사이 더러 마음이 흔들리고 번민과 고뇌로 견디기 어려운 때도 없지는 않았네. 그러나 그렇다고 해서 어찌 인정을 돌릴 수 있겠는가.

어찌 내 마음대로 인간의 도리를 소홀히 하여 홀로 계시는 어머니와, 장인과 장모께 근심을 끼쳐 드릴 수 있겠는가. 또 아버지가 부부의 도를 그르치고서 어찌 뒷날 자식의 부도덕을 바로잡을 수 있겠는가. 그럼에도 불구하고 끝내 고치는 바가 없다면 학문을 해서 무엇 하며, 실천한다 한들 무슨 의미가 있겠는가. 군자의 도는 부부 관계에서부터 시작되는 것을!

이함형은 진심으로 자신의 잘못을 뉘우쳤고 그 뒤 부인을 박대하는 일이 결코 없었다고 한다.

12장

감정을 부릴 줄
알아야 하네

《중용》에서 말씀하셨다.
"하늘 명을 성性이라 일컫고,
성 좇음을 도道라 하며,
도 닦음을 교教라 한다."

中庸 天命之謂性 率性之謂道 修道之謂教
중용 천명지위성 솔성지위도 수도지위교

《중용》

❖

《중용》의 핵심 문장이다. 성, 도, 교 세 개념이 꼬리를 물고 이어진다. 한 줄씩 살펴보자.

하늘의 명을 본성이라 한다. 우리의 본성[性]은 하늘이 내려 준 것이다. 그러므로 이 본성을 좇으며 사는 게 하늘을 섬기는 길[道]이다.

그래서 본성을 좇음을 도라 한다. 노장 철학과 불교에서 도란 언어로 형용할 수 없는 매우 깊고 형이상학적인 담론이다. 그런 도를 유교는 '본성을 좇는 것'이라 간단히 정의한다. 도를 알았으니 이제 도를 실천하고 전할 일만 남았다. 이에 도 닦음을 교육[敎]이라 한다. 즉, 도를 닦는 게 교육이다.

성, 도, 교 세 개념을 지금 교육에 적용해 보자. 학생 각자에게는 하늘이 내려 준 본성이 있다. 이 본성을 따르는 게 바로 도다. 그러니 교육은 그 본성을 잘 실현할 수 있는 방향으로 해야 한다. 학생을 국가와 산업 발전의 '도구'로 만드는 획일화된 교육을 해선 안 된다. 이는 도에 어긋나는 일이다.

처음 이 단락을 접하면 성·도·교란 말이 어려워 보여 멈칫하지만, 그 말들을 간략히 정의한 것을 보고는 곧 안도하게 된다. 고차원적인 형이상학 개념을 현실의 세계로 끌어내리는 작업을 한 셈이다. 풀이가 명징해져 얻는 효과는 바로 실천이다. 도에 대해 알았으니 이제 실천할 일만 남은 것이다.

"도는 잠시도 멀어질 수 없으니 멀어진다면 도가 아니다.
그러므로 군자는 보이지 않는 것에 신중하고
들리지 않는 것을 어려워한다. 감춰진 것만큼 잘 보이는 것이 없고
숨겨진 것만큼 잘 드러내는 것이 없으니
군자는 자기 내면을 정성으로 지킨다(愼獨)."

道也者 不可須臾離也 可離 非道也 是故 君子戒愼乎其所不睹
도야자 불가수유리야 가리 비도야 시고 군자계신호기소부도
恐懼乎其所不聞 莫見乎隱 莫顯乎微 故君子愼其獨也
공구호기소불문 막현호은 막현호미 고군자신기독야

《중용》

신독愼獨을 설명한 단락이다. 지금까지 신독은 대체로 '홀로 있을
때 삼가다'로 풀이되었다. 그런데 위계붕魏啓鵬, 진래陳來 같은 중국 석
학은 근래에 발견된 고대 문헌을 토대로 기존과 달리 해석하고 있
다. '독'은 홀로 있음이 아닌 '순수한 내면'을 뜻하고, '신'은 삼가다
가 아닌 '따르다' 내지 '지키다'로 풀이하는 게 마땅하다는 주장이
다. 사실 주희도 '독'을 '홀로 있음'으로 풀이한 적은 없다.

나는 최근의 이런 해석들을 반영해 신독을 '내면을 정성으로 지키
다'로 풀이하려고 한다. 도는 본성을 좇는 것이며, 이 도는 잠시도
내면에서 멀어져선 안 된다. '보이지 않는 것'과 '들리지 않는 것', '감

춰진 것'과 '숨겨진 것' 모두 내면을 가리킨다. 이 내면을 정성을 다해 지켜야 한다. 내면은 속에 있는 것 같지만 결국 밖으로 드러나게 되어 있다. 내면을 잘 지키면 외양은 절로 평안해질 것이다.

—

"희로애락이 일어나기 전을 중中이라 일컫고,
그것들이 일어나 제자리에 들어맞는 것을 화和라 한다.
중은 세상의 근본이요, 화는 세상에 두루 통하는 도다.
중과 화를 이루면 천지가 바로 서고 만물이 길러진다."

喜怒哀樂之未發 謂之中 發而皆中節 謂之和 中也者
희 로 애 락 지 미 발   위 지 중   발 이 개 중 절   위 지 화   중 야 자

天下之大本也 和也者 天下之達道也 致中和 天地位焉 萬物育焉
천 하 지 대 본 야   화 야 자   천 하 지 달 도 야   치 중 화   천 지 위 언   만 물 육 언

《중용》

중화中和를 설명한 단락이다. 중화는 중용과 동의어로 보아도 무방하다. 기쁨과 분노와 슬픔과 즐거움의 감정이 일어나기 전 고요한 본래 상태를 중이라 한다. 이후 희로애락 감정이 일어나되 알맞게 발현되는 것을 화라 한다.

단지 감정을 억누르거나 감정이 없는 무정無情의 상태를 유교는 지양한다. 감정을 드러내되 다만 알맞게 드러낼 것을 요구한다.

알맞음의 첫 번째 조건은 그 감정이 때와 상황에 맞아야 한다는 것이다. 약자가 강자에게 짓밟히고 있을 때 기쁘거나 즐거운 마음이 들어서는 물론 안 된다. 마땅히 분노 혹은 슬픈 감정이 발현되어야 한다.

두 번째는 그 감정의 정도가 적당해야 한다. 어머니가 돌아가셨다면 처절하게 슬퍼해도 된다. 낯선 이의 죽음과는 슬픔의 정도가 달라야 자연스러울 것이다.

이 두 조건을 만족시켰을 때 '중화에 들어섰다' 혹은 '중용을 잡았다'라 말할 수 있다.

우리나라 근대 사상가 소태산 박중빈*은 중화에 관해 다음처럼 말했다.

중생은 희로애락에 이끌려 마음을 씀으로써 자신이나 남이나 해를 많이 보게 하고, 보살은 희로애락을 초월하여 씀으로써 자신이나 남이나 해를 보지 아니하게 하며, 부처는 희로애락을 손발처럼 부려 씀으로써 자신이나 남이나 이로움을 많이 보게 한다.

소태산은 희로애락 감정을 대하는 방식을 3단계로 나누어 설명

* 박중빈. 호는 소태산. 우리나라 근대 사상가이자 종교인이다. 사회와 거리를 두는 기존 불교를 비판하며 불교 교리를 생활 속에서 실천하는 것이 수행이라고 주장했다. 박중빈이 창시한 원불교는 국내 4대 종교(불교, 천주교, 개신교, 원불교) 중에서 유일하게 한국에서 태동한 종교다.

한다. 첫 번째 단계는 중생 즉 보통 사람이 대하는 방식이다. 자신이 주인이 돼 감정을 부리는 게 아니라 오히려 감정에 예속돼 부림을 당하는 단계다. 자기 의지와 무관하게 화가 일어나고, 그 화 탓에 줄곧 손해를 본다. 두 번째는 보살이 대하는 방식이다. 불교에서 보살은 수행의 수준은 높지만 아직 부처에는 이르지 못한 존재다. 보살은 감정에 부림을 당하지 않고 감정을 초월한다. 감정을 초월하니 평온하지만 다소 무미건조하다. 즉 자신이나 남에게 해를 끼치지는 않지만 너무 무덤덤해 인간미가 부족해 보인다. 마지막은 부처가 대하는 방식이다. 부처는 감정에 예속되지도, 그렇다고 해서 감정을 떠나지도 않는다. 감정을 상황에 맞게 드러낸다. 분노해야 할 상황에서 마땅히 분노하고, 슬퍼해야 할 때 마땅히 슬퍼한다. 보살은 손해를 보지 않는 수준에 그친다면 부처는 더 나아가, 나와 타인에게 두루 이로움까지 준다.

이것이 바로 중용의 경지다. 사람이 중화, 즉 중용을 이룰 수만 있다면 천지자연이 바로 서고 만물이 길러진다. 지금까지는 인간이 주로 문제를 만들어 왔다면 이후로는 인간이 주도적으로 문제를 해결해야 한다.

13장

방구석에서도 부끄럽지 않아야 하네

《시경》에서 말씀하셨다.

"비록 잠겨 있어 숨겨진 듯하나 또한 매우 밝도다."

그러므로 군자는 안으로 성찰하여 흠이 없고 뜻에 악함이 없다.

군자가 남다른 것은 오직 사람이 보지 못하는 바에 있다.

《시경》에서 말씀하셨다.

"자네가 방 안에 있을 때 보니 방구석에서도 부끄러운 짓은 하지 않는구려."

그러므로 군자는 몸을 놀리지 않아도 공경받고 말하지 않아도 미덥다.

詩云 潛雖伏矣 亦孔之昭 故君子 內省不疚 無惡於志

시운 잠수복의 역공지소 고군자 내성불구 무오어지

君子之所不可及者 其惟人之所不見乎 詩云 相在爾室

군자지소불가급자 기유인지소불견호 시운 상재이실

尙不愧于屋漏 故君子 不動而敬 不言而信

상불괴우옥루 고군자 부동이경 불언이신

《중용》

이 장은 《중용》에 인용된 《시경》의 글이다. '잠긴 것'과 '사람이 보지 못하는 바'는 내면을 가리킨다. 내면을 정성으로 지키니, 누가 보지 않는 방구석에서도 부끄러운 짓을 하지 않는다. 이렇게 내면을 정성으로 지키는 선비라면, 굳이 몸짓과 말로 자신을 과시하지 않아도 저절로 공경받고 신뢰를 얻는다. 마음이 자연스럽게 언행으로 드러날 때에야 사람들은 그 사람을 믿는다.

내면을 잘 지킨 이로 이순신만 한 이가 없다. 그는 스스로 원칙을 세우고 실천한 원칙주의자였다. 한번은 절친한 친구 유성룡이 이순신과 율곡 이이를 만날 수 있게 주선하려고 했다. 이순신과 이이는 같은 덕수 이씨였다. 당시 이순신은 낮은 관직의 무관인 반면, 이이는 관직이 높고 명성이 자자한 대학자였다. 출세를 생각하면 이순신에게 이이는 아주 유익한 사람이었다.

하지만 이순신은 유성룡의 선의를 이렇게 정중히 거절한다.

나와 율곡 선생은 일가가 되는 사이니 만나는 것은 도리에 어긋나지 않습니다. 하지만 그분이 관직에 있는 동안에는 만나지 않는 것이 도리일 듯싶습니다.

이런 서릿발 같은 원칙과 각오가 있어야 진정 내면을 지킬 수 있다. 내면이란 바다에 떠 있는 배와 같다. 아무리 큰 배도 한 번 구멍이 뚫리면 가라앉는 건 시간문제다.

【 14장 】

사는 대로 생각할 것인가

《대학》에서 말씀하셨다.
"이른바 뜻을 참되게 한다는 것은 자기를 속이지 않는 일이니,
악취를 싫어하고 아름다운 빛깔을 좋아하는 것과 같다.
이를 '자기를 만족시키는 것'이라 한다.
그러므로 군자는 내면을 정성으로 지킨다."

大學 所謂誠其意者 毋自欺也 如惡惡臭
대 학 소 위 성 기 의 자 무 자 기 야 여 오 악 취
如好好色 此之謂自謙 故君子 必愼其獨也
여 호 호 색 차 지 위 자 겸 고 군 자 필 신 기 독 야

《대학》

❖

　유교에서는 마음[心]과 뜻[意]을 구별한다. 이황은 마음을 운전하
는 것이 뜻이라고 보았다. 즉 뜻이 참되면 마음은 절로 바로잡힌다
는 통찰이다. 그러므로 무엇을 지향하며 사느냐가 삶에서 무엇보다
중요하다. 마음은 뜻을 따르게 되어 있으니 말이다. 프랑스 소설가
폴 부르제Paul Bourget도 "생각하는 대로 살아야 한다. 그렇지 않으면
어느 순간 당신은 사는 대로 생각할 것이다"고 했다.

　참된 뜻을 세운다는 것은 자신을 속이지 않겠다는 의지이기도 하
다. 뜻이 본성의 목소리일 수 있기 때문이다. 하늘은 모두에게 선한
본성과 진리를 깨우칠 힘을 주었으니 이를 버려두어서는 안 된다.
본성을 살려 진리를 향해 나아가야 한다. 악취는 싫고 아름다운 것
을 보면 기분이 좋아지는 것이 인지상정이듯이 자기 본성을 거스르
지 말라는 뜻이다. 그것이 신독, 즉 내면을 정성으로 지키는 일이기
도 하다.

—

"소인은 평소에는 전혀 선하지 않게 굴다가
군자가 나타나면 슬그머니 선함을 드러낸다.
그러나 남이 자신을 허파와 간을 보듯이 하니 무슨 득이 되겠는가.
이것을 '내면이 참되면 밖으로 드러난다'고 한다.
그러므로 군자는 내면을 정성으로 지킨다.

증자가 말했다.

'열 눈이 나를 보고 열 손가락이 나를 가리키니 그 엄중함이여.

부富는 집을 윤택하게 하고, 덕德은 몸을 윤택하게 하니,

마음이 너그러우면 몸도 편안하다.'

그러므로 군자는 뜻을 참되게 한다."

小人閒居 爲不善 無所不至 見君子而后 厭然揜其不善
소인한거 위불선 무소부지 견군자이후 염연엄기불선

而著其善 人之視己 如見其肺肝 然則何益矣 此謂誠於中
이저기선 인지시기 여견기폐간 연즉하익의 차위성어중

形於外 故君子 必愼其獨也 曾子曰 十目所視 十手所指
형어외 고군자 필신기독야 증자왈 십목소시 십수소지

其嚴乎 富潤屋 德潤身 心廣體胖 故君子 必誠其意
기엄호 부윤옥 덕윤신 심광체반 고군자 필성기의

《대학》

소인은 내면은 그대로 두고서 외면에만 신경을 쓴다. 남이 볼 때
만 슬쩍 선을 흉내 낸다. 그러나 군자, 즉 고수의 눈까지 속이지는
못한다. 언젠가 탄로 날 수밖에 없다. 그러므로 위선이 득이 될 리
없다. 신독을 해야 하는 이유다.

이어지는 증자의 말을 이현주* 목사는 이렇게 해석한다.

열 눈이 쳐다보고 열 손이 가리키고 있으니 언행을 삼가라는 증

자의 말은, 그러니까 남의 이목을 두려워하라는 뜻이라기보다는
천하에 드러내 보여도 켕길 게 없도록 처신하라는 얘기로 새겨야
할 것이다.

— 《이현주 목사의 대학 중용 읽기》(삼인)에서

＊ 이현주(1944-). 호는 관옥觀玉. 목사이자 사상가다. 초기에는 민중신학을 근거로 글을 많이
썼으나, 이후에는 노장을 비롯한 동양철학과 신학을 접목하는 글을 쓰고 있다. 스승 장일
순 선생과 《무위당 장일순의 노자 이야기》를 썼고 《이 아무개의 장자산책》, 《이현주 목사
의 대학 중용 읽기》, 《이 아무개 목사의 금강경 읽기》 등도 집필했다. 우리나라에서 처음으
로 초횡의 《노자익》을 번역했다.

15장

감정도 넘쳐서는 곤란하네

이른바 수신修身은 정심正心에 있다는 것은 자신에게 분노가 있으면

그 올바름을 얻지 못하고, 두려움이 있으면 그 올바름을 얻지 못하며,

향락이 있으면 그 올바름을 얻지 못하고,

근심이 있으면 그 올바름을 얻지 못하기 때문이다.

마음이 있지 않으면 보아도 보이지 않고

들어도 들리지 않고, 먹어도 그 맛을 모른다.

이를 수신은 정심에 있다고 한다.

所謂脩身 在正其心者 身有所忿懥 則不得其正 有所恐懼 則不得其正

소위 수신 재정기심자 신유소분치 즉부득기정 유소공구 즉부득기정

有所好樂 則不得其正 有所憂患 則不得其正 心不在焉 視而不見

유소호요 즉부득기정 유소우환 즉부득기정 심부재언 시이불견

聽而不聞 食而不知其味 此謂脩身 在正其心

청이불문 식이부지기미 차위수신 재정기심

《대학》

수양의 핵심은 마음을 바르게 하는 것[正心]에 있다. 정심 상태에 이르려면 먼저 감정에 지배당하지 않아야 한다. 여기서 분노와 두려움, 향락과 근심은 희로애락의 자연스러운 감정이 아니라 과도한 감정을 가리킨다. 그런 감정들은 나의 몸과 마음을 지배하게 된다. 분노와 두려움이 가득하니 보아도 제대로 보이지 않고, 들어도 곧이곧대로 들리지 않는다. 향락과 근심이 가득하니 먹어도 그 맛을 모른다. 감정의 노예 상태나 다름없다.

게슈탈트 심리학에선 사람의 인지 과정을 전경前景과 배경背景의 분리로 설명한다. 사람은 몇 가지 원리에 입각해 상황을 판단하는데, 그중 하나가 전경과 배경을 구분하는 것이다. 당장 처리해야 할 문제를 전경으로 오게 하고 나머지 것들은 배경으로 둔다. 그러다 전경의 문제가 해결되면 그것을 배경으로 가도록 하고 또 다른 문제를 전경으로 오게 한다. 이 반복이 건강한 인지 과정이다.

그런데 마음에 무언가 남겨진 것이 있으면 전경과 배경의 경계가 흐릿해진다. 그런 상태에서는 상황을 제대로 판단하기 어렵다. 예를 들면 어떤 일에 대한 근심과 두려움이 경계를 흐려 놓기도 한다. 그러므로 감정은 제때 적당히 드러낼 필요가 있다. 물론 넘치지 않게 말이다. 그래야 정심 상태에 이른다.

【 16장 】

성낼 시간에 함께
음악을 듣게

〈악기〉에서 군자가 말했다.

"예와 음악[樂]은 잠시도 몸에서 떠나선 안 된다."

樂記 君子曰 禮樂 不可斯須去身

악기 군자왈 예악 불가사수거신

〈악기〉

이 장에는 〈악기〉의 핵심이 담겨 있다. 정조 임금은 〈악기〉의 글을 좋아해서 성독을 즐긴 것으로 유명하다. 성독은 글을 낭송하듯이 소리 내 읽는 걸 가리킨다. 실제로 들어 보면 절에서 독경할 때 멜로디와 비슷한데, 절에서뿐만 아니라 옛사람들은 모든 경전을 이렇게 낭송하듯이 읽었다. 입으로 글을 읽으면서 뜻을 생각하고, 자기 목소리를 들음으로써 다시 뜻을 새기고자 했다.

정조는 〈악기〉에 대해 이렇게 말한 바 있다.

> 나는 〈악기〉가 좋다. 〈악기〉의 글을 소리 내 읽으면 참으로 몸의 혈맥이 생동하는 것 같고, 악하고 더러운 것들이 깨끗이 맑아지는 것 같다.

예는 하늘의 이치를 본받은 인간의 법칙을 말한다. 흔히 예의범절이라고 할 때의 그 예를 말하는 것은 아니지만, 아무래도 법칙이다 보니 딱딱하다. 나누고 구분하는 성질을 갖는다. 반면 음악은 결속력을 품고 있다. 음악을 들으면서 함께 흥얼거리고 춤추다 보면 어느새 각자가 '우리'가 되기 때문이다. 그래서 옛 선비들은 예와 음악, 즉 예악을 서로 보완하는 것으로 인식하고 수양할 때는 물론 나라를 다스릴 때도 이 둘을 중시했다.

—

"음악으로 마음을 다스리면 평화롭고 곧고

자애롭고 미더운 마음이 절로 생긴다.

평화롭고 곧고 자애롭고 미더운 마음이 생기면 즐겁다.

즐거우면 편안하고 편안하면 장구하다. 장구하면 하늘이요,

하늘이면 신이다. 하늘이란 것은 잔말하지 않아서 미덥다는 뜻이고,

신이란 것은 성내지 않으므로 위엄이 있다는 뜻이다.

바로, 음악으로 마음을 다스리는 것이다."

致樂以治心 則易直子諒之心 油然生矣 易直子諒之心生 則樂 樂則安
치 악 이 치 심 즉 이 직 자 량 지 심 유 연 생 의 이 직 자 량 지 심 생 즉 락 낙 즉 안

安則久 久則天 天則神 天則不言而信 神則不怒而威 致樂以治心者也
안 즉 구 구 즉 천 천 즉 신 천 즉 불 언 이 신 신 즉 불 노 이 위 치 악 이 치 심 자 야

〈악기〉

　　음악의 효용에 관해 나열한다. 평화로운 음악을 들으면 평안해지

고, 곧은 음악을 들으면 마음이 곧아진다. 자애롭고 미더운 음악을

들으면 자애롭고 미더운 마음이 일기 마련이다. 이런 좋은 감정이

생기니 즐겁다. 즐거우니 편안하다. 편안하면 장구한데, 장구하다는

것은 늘 한결같다는 뜻이다. 늘 한결같은 것은 하늘이다. 하늘은 즉

신神이다. 음악으로 수양하면 하늘이나 신과 다를 바 없다고 한다.

음악은 이렇게 신의 경지에까지 이르게 한다. 한낱 음악을 통해 신

에까지 이를 수 있다니, 과감한 도약이다.

서양 또한 예로부터 음악의 자기계발 효과에 주목했다. 그래서 플라톤과 헤겔, 칸트를 비롯한 수많은 서양철학의 거목이 음악을 철학으로 탐구했다. 그중 음악철학의 효과를 깊이 탐구했던 독일 예술가 빌헬름 바켄로더의 말을 살펴보자.

> 한 음이 울릴 때마다 우리의 가슴은 본래 자신을 알게 된다. 음의 울림을 통해 우리는 감정을 배우게 된다. 음의 울림은 우리 마음의 깊은 곳곳에 꿈꾸고 있는 영혼들에게 생기를 불어넣으며 마술처럼 우리의 내면을 풍부하게 한다.
>
> ── 빌헬름 바켄로더·루트비히 티크,《예술에 관한 판타지》(지만지)에서

바켄로더는 음악이 사람의 본성을 일깨우고, 평화롭고 조화로운 감정들을 일으킨다고 보았다. 음악이 평화, 곧음, 자애로움, 미더움 등의 감정을 일으킨다고 본 〈악기〉의 주장과 무척 유사하다. 게다가 신앙인이었던 바켄로더는 음악에는 신의 섭리가 담겨 있어 음악을 통해 신적인 것을 체험할 수 있다고까지 주장했다. 음악을 신의 숭배로 귀결시킨 점은 바켄로더의 한계다.

반면 〈악기〉는 음악으로 수양하면 사람도 하늘처럼, 신처럼 위대한 존재가 될 수 있다고 보았다. 이런 시각 차이는 신의 개념이 다른

데서 기인한다. 서양에서는 신이 절대자이자 창조자로 설정된 반면, 동양에서는 실재하는 절대자라기보다 사람의 올바른 삶과 자기 수양을 촉구하기 위해 호출된 상상적 개념이다.

그렇게 신의 경지에 이르면 잔말이 없으므로 미덥고, 성내지 않으므로 위엄을 풍긴다. 자기를 믿어 달라고 자꾸 말하면 믿음이 안 가고, 성을 내서 상대를 제압하려 하면 상대는 어쩔 수 없이 잠시 굴복할 뿐, 진심으로 공경하지는 않는다. 성낼 시간에 함께 음악을 듣느니만 못한 결과다.

—

"예로 몸을 다스리면 당당하고 겸손하다.
당당하고 겸손하면 위엄이 있다."

致禮以治躬 則莊敬 莊敬則嚴威
치 례 이 치 궁 즉 장 경 장 경 즉 엄 위

〈악기〉

예는 사람이 마땅히 행해야 할 하늘이 내린 법칙을 뜻한다. 여기서 말하는, 법칙으로서 예는 예절이 아니고, 국가의 법규와도 다르다. 예절과 법규도 결국은 어떤 사람들이 만든 것이다. 사람이 만든 이상 완벽할 수는 없다. 세상에는 개인 간의 깊은 만남을 방해하는 거추장스러운 예절이 있는가 하면, 강자의 편에 서서 약자를 옭아매는 법규도 있다. 그래서 때로는 사회의 예절을 거스르고 국가의 법규를 어기는 것이 오히려 예를 실천하는 길이 되기도 한다.

예는 마치 독일 철학자 칸트의 유명한 명제 "내 마음을 늘 새롭고 깊은 감탄과 경외심으로 가득 채우는 두 가지가 있다. 그것은 내 위에 있는 별이 빛나는 밤하늘과 내 속에 있는 도덕법칙이다"에서의 도덕법칙과 같다. 그런 예를 지키고 실천하며 사는 사람은 당당하고 겸손하다.

세상의 유혹에 흔들리지 않으며, 타인의 시선으로 자기를 규정하지 않는 사람. 항상 옳은 길을 고민하고 그 길을 걷는 사람은 당당하다. 그러나 그 길이 옳기에 걸을 뿐, 자기를 내세우거나 뽐내기 위함이 아니기에 겸손하다. 이처럼 진정 당당한 사람은 겸손하고, 진심으로 겸손한 사람은 당당하다. 이때 위엄이 선다. 위엄은 권위로 누를 때 생기는 것이 아니다. 당당하면서도 겸손할 때 타인의 마음 깊은 곳에서 존경하는 마음이 우러나오고, 비로소 위엄도 선다.

—

"마음이 평온하고 즐겁지 않으면
비루하고 속이는 마음이 들어온다.
겉모습이 장중하고 겸손하지 않으면
대충하려는 마음이 들어온다.
그러므로 음악은 안에서 움직이는 것이고
예는 밖에서 움직이는 것이다.

음악이 지극하면 평화롭고,
예가 지극하면 겸손하다."

中心 斯須不和不樂 而鄙詐之心 入之矣 外貌 斯須不莊不敬

중심 사수불화불락 이비사지심 입지의 외모 사수불장불경

而易慢之心 入之矣 故樂也者 動於內者也 禮也者

이이만지심 입지의 고악야자 동어내자야 예야자

動於外者也 樂極和 禮極順

동어외자야 악극화 예극순

〈악기〉

마음이 평안하고 즐겁지 않으면 사람이 비루해진다. 속이려는 마음도 든다. 자신을 속이고 남을 속이게 된다. 그러므로 음악을 들어야 한다. 장중하고 겸손함이 없으면 인의와 도심을 실천하는 데도 대충하고 싶어진다. 그러므로 예로 몸을 다스려야 한다. 이처럼 예와 음악은 마음 안팎에서 서로 작용하며 삶의 균형을 잡는다.

—

"안이 평안하고 밖이 겸손하니,
백성이 그 안색을 보고는 서로 경쟁하지 않게 된다.
그 용모를 보고는 대충하려는 마음도 품지 않게 된다.
이렇듯 덕의 빛이 내면에서 움직이니 백성이 그 덕을 받들지 않음이 없고,

이치가 외면에서 발현하니 백성이 겸손함을 받들지 않음이 없다.
그래서 예와 음악의 도를 이루면
천하를 다스리는 데 어려움이 없다고 하는 것이다."

內和而外順 則民瞻其顔色 而弗與爭也 望其容貌
내 화 이 외 순 즉 민 첨 기 안 색 이 불 여 쟁 야 망 기 용 모

而民不生易慢焉 故德輝動於內 而民莫不承聽 理發諸外
이 민 불 생 이 만 언 고 덕 휘 동 어 내 이 민 막 불 승 청 이 발 제 외

而民莫不承順 故曰 致禮樂之道 擧而錯之天下 無難矣
이 민 막 불 승 순 고 왈 치 예 악 지 도 거 이 착 지 천 하 무 난 의

〈악기〉

통치할 때도 음악과 예는 그 힘을 발휘한다. 통치자가 음악과 예로 자신을 수양하면 마음속은 평안해지고 겸손함이 드러난다. 백성은 그런 통치자를 흠모하고 우러러보며 자신들도 음악을 즐겨 들어 통치자와 하나가 된다. 그러니 서로 다투지 않게 되는 것이다. 또한 음악을 즐겨 듣게 되면서 이상과 정의를 실현하는 데 태만하지 않게 된다. 그래서 예악의 도를 이루면 세상을 다스리는 데 큰 어려움이 없다고 하는 것이다.

【 17장 】

진정한 예술은 무엇일까

군자는 감정을 반성해서 뜻을 평화롭게 하고 선악을 비교해 실천한다.

삿된 소리와 어지럽히는 일을 멀리해 밝은 지혜를 지키며,

간사한 음악과 간특한 예법도 가까이하지 않는다.

나태하고 삿되고 치우친 기운을 몸에 짓지 않는다.

이렇듯 온몸과 마음을 부드럽고 바르게 해서 의로움을 실천한다.

君子 反情以和其志 比類以成其行 姦聲亂色 不留聰明

군자 반정이화기지 비류이성기행 간성난색 불유총명

淫樂慝禮 不接心術 惰慢邪僻之氣 不設於身體

음악특례 부접심술 타만사벽지기 불설어신체

使耳目鼻口 心知百體 皆由順正 以行其義

사이목비구 심지백체 개유순정 이행기의

〈악기〉

❖

삿된 소리와 마음을 어지럽히는 일, 간특한 예법을 멀리하는 것 등은 어렵지 않게 이해가 된다. 문제는 '간사한 음악'이다. 한 음악을 간사하다 규정하고 멀리하라는 주장이 오늘날에도 적용 가능할까. 현대 사회에선 표현의 자유가 보장되기 때문에 어떤 예술에 특정 굴레를 씌워 향유해선 안 된다고 주장하면 논란이 벌어질 수 있다.

그러므로 이런 주장은 시대에 뒤떨어진 것일까. 그렇지만은 않다. 적어도 독일 철학자 하이데거는 이 주장에 동의할 것이다. 그는 예술의 자유가 예술을 억압한다고 역설했다. 누구나 자유롭게 예술 활동을 하고 그로 인해 예술 작품이 넘쳐흘러 오히려 예술의 부재를 심화시킨다는 게 그의 주장이다. 예술의 자유라는 미명 아래 예술답지 못한 작품이 지나치게 만들어져 예술의 본래 의미가 퇴색됐다는 지적이다. 그래서 하이데거는 '작품'과 '제품'을 구별했다. 예술 작품을 가장한 '제품'도 있다는 것이다. 진정한 예술은 삶을 변화시킬 계기를 주고 깨달음을 불러일으키는 촉매제가 된다. 이러한 하이데거의 시각은 음악으로 수양하고 나아가 사회도 다스린다는 유교의 관점과도 통한다.

요즘 노랫말에는 지역 혐오, 약자 혐오, 성차별, 장애인 차별 등을 담고 있는 것이 많은데 이런 노래들이 예술이란 이름으로 생산된 '제품'이다. 유교 관점에서는 '간사한 음악'이다.

18장

열흘 붉은 꽃은 없다네

군자는 도를 깨우치는 것이 즐겁고
소인은 욕망을 채우는 것이 즐겁다.
도로서 욕망을 다듬으면 즐거울 뿐 어지럽지 않고,
욕망으로서 도를 잊으면 미혹될 뿐 즐겁지 않다.

君子樂得其道 小人樂得其欲 以道制欲

군자락득기도 소인락득기욕 이도제욕

則樂而不亂 以欲忘道 則惑而不樂

즉락이불란 이욕망도 즉혹이불락

〈악기〉

❖

같은 즐거움이지만 군자는 도를 깨우칠 때 즐겁고 소인을 욕망을 채울 때 즐겁다. 그런데 소인의 즐거움은 오래가지 못한다. 도로 욕망을 다듬으면 즐거움은 이어지지만, 욕망에 빠져 도를 잊는다면 미혹될 뿐 즐겁지 못하다.

왜냐하면 도라는 것은 좋은 상황, 나쁜 상황을 불문하고 깨우치면 충만함을 느끼게 하지만, 욕망은 채울수록 더욱 갈증 나게 하는, 끝이 없는 것이기 때문이다. 게다가 언제까지고 욕망을 채울 수 있다는 보장도 없다. 열흘 동안 붉은 꽃은 없는 법이다. 하루아침에 추락할 수 있는 것이 세상살이 이치다.

도라는 것은 오직 내게 달려 있지만, 욕망은 환경과 타인 등 여러 여건에 달려 있는 것이라 마음먹은 대로 채울 수 없다. 도를 좇으면 즐겁지만 욕망을 좇으면 미혹될 뿐 즐겁지 않은 이유다.

맹자,
투사의 글

《맹자》의 문장들

여기서는 오직 《맹자》만 읽는다. 《맹자》는 앞서 살펴본 《논어》, 《중용》, 《대학》과 함께 사서에 들어간다. 원래 그다지 인기가 많은 책은 아니었다. 특히 지배 계층이 꺼렸는데, 백성 중심의 사상을 담고 있었기 때문이다. 하지만 유교 철학의 근간을 보여 주는 책이어서 아예 무시할 수도 없었다. 경전과 금서 사이에서 줄타기하던 《맹자》를 훗날 주희가 사서에 편입시키면서 경전으로 자리 잡았다.

《맹자》는 맹자의 언행이 담긴 대화록이다. 맹자는 BC 4세기 전국시대 추나라에서 태어났다. 공자의 손자인 자사의 문하생에게서 학문을 익혔다. 맹자는 공자 사상의 계

보를 이었는데, 삶의 궤적 또한 공자와 닮았다.

"임금답지 못한 임금은 끌어내려라"

맹자는 일찍이 학문을 닦아 당대에 명성이 높았다. 교육에 힘써 많은 제자를 길러 냈고, 정치에도 참여해 세상을 바꾸기를 희망했다. 공자처럼 천하 각국을 주유하며 자기 철학을 설파하고 꿈을 펼칠 곳을 찾았으나, 이상주의자로 여겨져 환영받지 못했다.

공자가 군자라면 맹자는 투사였다. 임금들을 거침없이 비판했다. 현대의 대통령들도 거북해할 만한 날 선 지적들이었다. 예를 들면 이런 식이다. 백성을 돌보지 않는 제선왕에게 묻는다. "먼 길을 떠나게 되어 친구에게 가족을 부탁했는데 돌아와 보니 굶주리고 있다면 어떻게 하시겠습니까?" 왕이 답했다. "그 친구를 버릴 것이오." 맹자가 다시 묻는다. "왕께서 관리를 임명했는데 그가 아랫사람들을 보살피지 않는다면 어쩌시겠습니까?" 왕이 답했다. "해

임할 것이오." 그러자 맹자가 물었다. "그렇다면, 누가 한 나라를 맡았는데 백성이 굶주리고 있다면 그때는 어떻게 해야 하는지요?" 당황한 왕은 못 들은 척하면서 화제를 돌렸다고 한다.

맹자는 철저한 민본주의자였다. 백성을 우선시했다. "백성이 귀하다. 국가가 그다음이요, 임금은 더 가벼운 존재다"고 할 정도였다. 또 "임금 한 개인에게 충성하는 것은 어리석은 짓"이라고 했다. 더 나아가 임금답지 못한 임금은 끌어내려야 한다면서, 폭군을 죽이는 것을 정당화한 역성혁명론을 주장했다. 백성을 위해 왕이 존재하지, 왕을 위해 백성이 존재하지 않는다고 보았기 때문이다. 지배 계층이 맹자를 위험한 인물로 간주한 이유다. 실제로 고려의 신하였던 삼봉 정도전이 고려를 무너뜨리고 조선 건국을 결심한 데에는 《맹자》의 영향도 컸다.

인간을 뜨겁게 연민하고 신뢰하다

맹자가 투쟁한 건 지배층만이 아니다. '불신'과도 싸웠다. 맹자는 인간의 본성이 선하다는 성선설性善說을 주장했다. 인간을 깊이 신뢰했으며, 특히 백성의 가능성을 믿었다. 물론 성악설이라고 해서 인간의 가능성을 버려두는 것은 아니다. 하지만 계급 사회일수록 성악설은 지배층에게 이용되기 쉽다. 인간은 악하다는 것을 전제로 국가가 관용, 교화보다는 엄벌주의를 채택할 가능성이 크고, 그 경우 약자인 백성이 고스란히 피해를 입기 때문이다. 지배층만 배움을 누리던 시대에 성악설은 배우지 못한 백성을 지배하는 것을 정당화하는 근거로도 악용됐다. 반면 성선설을 국가철학으로 삼은 국가는 인간애에 근거해 정치를 펼 가능성이 크다.

《심경》에는 맹자의 성선설에 관한 글들이 주로 담겼다.

19장

자네 안의 선한 품성을 믿게

맹자께서 말씀하셨다.

"모든 사람에겐 '차마 남을 어쩌지 못하는 마음[不忍人之心]'이 있다.

선왕은 차마 남을 어쩌지 못하는 마음이 있어서

'차마 남을 어쩌지 못하는' 정치를 폈다.

차마 남을 어쩌지 못하는 마음으로

'차마 남을 어쩌지 못하는' 정치를 한다면

천하를 손 위에 두고 움직이듯 다스리기 쉽다."

孟子曰 人皆有不忍人之心 先王有不忍人之心 斯有不忍人之政矣
맹자왈 인개유불인인지심 선왕유불인인지심 사유불인인지정의

以不忍人之心 行不忍人之政 治天下可運之掌上
이불인인지심 행불인인지정 치천하가운지장상

《맹자》

✦

불인인지심不忍人之心은 '차마 남을 어쩌지 못하는 마음'이다. 문덕순의 논문 〈맹자의 불인인지심에 관한 연구〉를 바탕으로 불인인지심을 살펴보고자 한다. 이 논문에서 문덕순은 불인인지심은 남의 아픔과 슬픔에 공감하고 이해하는 마음으로, 동정심과 유사하다고 본다. 사람이라면 누구나 갖고 있으며, 사람의 본성이 선하다는 근거도 될 수 있다는 것이다. 다만 동정심에는 한계가 있는 반면, 불인인지심은 그 한계마저 넘어선다는 점이 다르다고 설명한다.

동정심은 근본적으로 자기애 기반이라 모순적이라는 게 문덕순의 분석이다. 상대에 자신을 대입시켜 그의 고통을 헤아리면서 한편으로는 남의 불행이니 안도하고 어떤 경우엔 기뻐하기까지 해서다. 동정의 뒷면은 질투라는 것이다.

예를 들어 프랑스 철학자 루소는 동정심은 도덕의 근원이며, 자신보다 못한 남의 처지를 상정한 후에만 발현 가능한 감정이라고 보았다. 타자의 불행이 있어야만 동정할 수 있다는 얘기다. 그러면 타자의 불행을 도덕의 근원으로 삼는 모순이 발생한다.

불인인지심은 이런 동정의 모순을 넘어선다. 자신보다 더 행복하거나 여건이 좋거나 지위가 높은 이에게도 충분히 적용 가능한 마음이기 때문이다.

—

"사람이 모두 '차마 남을 어쩌지 못하는 마음'을 지니고 있다는
까닭은 다음과 같다. 누구든 아이가 우물에 빠지려는 것을 보면
깜짝 놀라 측은히 여기는 마음이 들어 달려가니,
이는 아이의 부모와 친분을 맺기 위해서도 아니요,
마을 사람과 친구에게서 명예를 얻기 위해서도 아니며,
나무라는 소리가 듣기 싫어서도 아니다."

所以謂人皆有不忍人之心者 今人 乍見孺子將入於井
소이 위 인 개 유 불 인 인 지 심 자 금 인   사 견 유 자 장 입 어 정

皆有怵惕惻隱之心 非所以內交於孺子之父母也
개 유 출 척 측 은 지 심 비 소 이 납 교 어 유 자 지 부 모 야

非所以要譽於鄕黨朋友也 非惡其聲而然也
비 소 이 요 예 어 향 당 붕 우 야 비 오 기 성 이 연 야

《맹자》

아이가 우물에 빠지려는 것을 보면 누구나 즉시 달려가 막는다.
자신도 모르게 그렇게 된다. 계산된 행동이 아니다. 맹자는 이처럼
누구나 측은지심惻隱之心, 즉 타인을 불쌍히 여기는 마음을 가졌다는
것을 증명한다.

맹자 사상에서 측은지심은 불인인지심의 한 갈래인데, 동정심에
가깝다. 여기서는 측은지심을 통해 불인인지심을 논증하려 한 것이
다. 맹자는 이어서 불인인지심의 나머지 세 갈래도 소개한다.

—

"이를 보건대 측은히 여기는 마음이 없으면 사람이 아니고,
불의를 부끄러워하는 마음이 없으면 사람이 아니다. 타인을 존중하는
마음이 없으면 사람이 아니며, 옳고 그름을 가리는 마음이 없으면
사람이 아니다. 측은히 여기는 마음은 인仁의 단서요 불의를
부끄러워하는 마음은 의義의 단서다. 타인을 존중하는
마음은 예禮의 단서며, 옳고 그름을 가리는 마음은 지知의 단서다.
사람에게 네 가지 단서가 있는 것은 몸에 사지가 있는 것과 같다."

由是觀之 無惻隱之心 非人也 無羞惡之心 非人也 無辭讓之心 非人也
유시관지 무측은지심 비인야 무수오지심 비인야 무사양지심 비인야
無是非之心 非人也 惻隱之心 仁之端也 羞惡之心 義之端也 辭讓之心
무시비지심 비인야 측은지심 인지단야 수오지심 의지단야 사양지심
禮之端也 是非之心 知之端也 人之有是四端也 猶其有四體也
예지단야 시비지심 지지단야 인지유시사단야 유기유사체야

《맹자》

측은지심 외에 불인인지심의 나머지 세 갈래는 불의를 부끄러워하
는 마음인 수오지심羞惡之心과 타인을 존중하는 마음인 사양지심辭讓之
心, 옳고 그름을 가리는 마음인 시비지심是非之心이다. 측은지심, 수오
지심, 사양지심, 시비지심 이 넷을 사단四端 즉 네 가지 단서라 한다.
사단은 누구나 가지고 있다는 게 맹자의 주장이다.

이 사단을 통해 우리 마음속에 사덕四德이 있음도 짐작할 수 있다.

측은지심은 인仁의 존재를 알리는 단서고, 수오지심은 의義의 단서, 사양지심은 예禮의 단서, 시비지심은 지知의 단서가 된다.

—

"네 가지 단서가 있으면서도 할 수 없다고 말하는 자는
스스로를 해치는 자요, 통치자더러 할 수 없다고 말하는 자는
통치자를 해치는 자다. 자기가 지닌 네 가지 단서를
전부 확산시킬 줄 안다면 마치 불이 처음 타오르고
샘물이 처음 솟아나는 것과 같다.
진정 이를 확산시킨다면 온 세상을 지킬 수 있을 것이나,
확산시키지 않는다면 부모조차 섬기지 못한다."

有是四端而自謂不能者 自賊者也 謂其君不能者 賊其君者也
유시사단이자위불능자 자적자야 위기군불능자 적기군자야

凡有四端於我者 知皆擴而充之矣 若火之始然 泉之始達
범유사단어아자 지개확이충지의 약화지시연 천지시달

苟能充之 足以保四海 苟不充之 不足以事父母
구능충지 족이보사해 구불충지 부족이사부모

《맹자》

사단은 사람이면 누구나 가지고 있는 것인데, 나는 할 수 없다고 말하는 이가 있다면 그건 자기 스스로를 부정하고 해치는 자다. 통치자가 사단에 근거해 정치를 펼치려는데 훼방을 놓고 패권 정치를

권하는 자가 있다면 그 역시 통치자를 해치는 자다. 사단을 가까운 곳에서부터 점차 확산시킨다면 가히 온 세상을 품을 수 있으리라. 그러나 사단을 그저 마음속에 묵혀 둔다면 부모를 봉양할 마음조차 들지 않을 게 뻔하다.

【 20장 】

서 있는 곳이 바뀌면 풍경도 바뀌지

맹자께서 말씀하셨다.

"화살 만드는 이라고 어찌 갑옷 만드는 이보다 인仁하지 않겠느냐마는,

화살 만드는 이는 사람을 다치게 하지 못할까 봐 걱정하고,

갑옷 만드는 이는 사람이 다칠까 봐 걱정한다.

무당과 관 짜는 목수도 그렇다.

그러므로 직업 선택에 신중하지 않을 수 없다."

孟子曰 矢人 豈不仁於函人哉 矢人 惟恐不傷人

맹자왈 시인 개불인어함인재 시인 유공불상인

函人 惟恐傷人 巫匠 亦然 故術不可不愼也

함인 유공상인 무장 역연 고술불가불신야

《맹자》

❖

화살 만드는 사람이 갑옷 만드는 사람보다 더 심성이 나쁜 것은 아니다. 직업 때문에 그럴 수밖에 없는 것이다. 화살 만드는 사람은 화살이 갑옷을 뚫어 사람이 죽게 하도록 연구할 수밖에 없고, 반면 갑옷 만드는 사람은 어떻게 하면 화살을 막아 사람을 지킬 수 있는 튼튼한 갑옷을 만들까를 연구한다. 무당과 관 짜는 목수도 마찬가지다. 무당은 자신이 용하다는 것을 보이기 위해 환자의 병이 낫고 액운이 사라지길 소망하지만, 관 짜는 목수는 사람이 많이 죽어 관이 잘 팔리길 바란다. 이처럼 자신이 처한 조건이 그 사람의 의식 구조에 영향을 끼친다.

서 있는 곳이 바뀌면 보이는 풍경도 달라지는 법이다. 한자리에 마냥 서 있다면 풍경 역시 굳어질 테고 말이다. 자신이 서 있을 곳을 선택하는 데 신중하지 않을 수 없는 이유다.

—

공자께서 말씀하셨다.
"인을 마을 삼음이 아름답다.
인한 데를 택하지 않는다면 어찌 지혜롭다 하겠는가.
인은 하늘이 내린 벼슬이며 사람의 안식처다."

孔子曰 里仁爲美 擇不處仁 焉得智 夫仁天之尊爵也 人之安宅也
공자왈 이인위미 택불처인 언득지 부인천지존작야 인지안택야

《맹자》

    화살과 갑옷 만드는 사람의 이야기는 '인을 마을 삼음'을 이야기
하기 위한 포석이었다. 인을 마을 삼으라는 것은 마치 사람의 거처
와 행동반경이 자신이 사는 마을을 잘 벗어나지 않듯이, 인의 울타
리 안에서 거닐고 행동하라는 비유다.

    인이 하늘이 내린 벼슬인 이유는 사람만이 실천할 수 있고, 그 어
떤 세상의 벼슬보다도 귀하고 명예로운 것이기 때문이다. 인이 안식
처인 이유는 인을 실천할 때 진정한 마음의 평화와 즐거움을 누릴
수 있기 때문이다. 대수롭지 않은 일이지만 남을 도왔을 때 얼마나
뿌듯한지 우리 모두 알고 있지 않은가.

—

"막는 것 없는데도 인하지 않다면 지혜롭지 않은 것이다.

인하지 않으면 지혜롭지 않고,

예도 없고 의도 없게 되니 사람이 부림을 당한다.

사람이 부림당하되 이를 부끄러워한다는 건,

활 만드는 이가 활 만드는 것을 부끄러워하고,

화살 만드는 이가 화살 만드는 일을 부끄러워하는 것과 같다.

이를 부끄러워할 줄 안다면 차라리 인을 실천하는 게 낫다.
인은 과녁 뚫기와 같다. 과녁 뚫기는, 자신을 바르게 한 후 쏘며
적중치 않더라도 자기를 이긴 사람을 원망하지 않고
그저 자신을 되돌아보는 것을 말한다."

莫之禦而不仁 是不智也 不仁不智 無禮無義 人役也
막 지 어 이 불 인   시 부 지 야   불 인 부 지   무 례 무 의   인 역 야

人役而恥爲役 由弓人而恥爲弓 矢人而恥爲矢也 如恥之
인 역 이 치 위 역   유 궁 인 이 치 위 궁   시 인 이 치 위 시 야   여 치 지

莫如爲仁 仁者如射 射者 正己而後發 發而不中
막 여 위 인   인 자 여 사   사 자   정 기 이 후 발   발 이 부 중

不怨勝己者 反求諸己而已矣
불 원 승 기 자   반 구 저 기 이 이 의

《맹자》

인을 실천하지 않으면 자연히 지혜도 예도 의도 없게 된다. 그러
면 필연적으로 부림을 당한다. 인을 지향하고 실천할 때 인은 자기
인생을 가꾸고 지탱하는 원칙 같은 역할을 한다. 인이 없다는 것은
자신을 지키는 방어막이 없다는 의미다. 내 삶의 의미를 스스로 구
하지 않고 그저 욕망을 좇으며 부유한다면, 타인의 칭찬과 비난에
일희일비하며 환경에 휩쓸려 살 수밖에 없다. 즉 타인과 환경에 부
림을 당하는 것이다. 이런 현상을 독일 정신분석학자 에리히 프롬은

자신의 책《소유냐 존재냐》에서 "존재의 삶이 아닌 소유의 삶을 사는 것"이라고 말했다.

자기 삶의 주인이 되지 못했으면서 타인에게 부림당하는 것도 싫어한다면 그건 자신이 직업을 선택해 놓고는 그 직업을 원망하는 것이나 다름없다. 사실 직업은 원하는 것을 선택할 수 없을 때도 있지만 인을 실천하는 건 누구도 막지 않는다. 따라서 자기 삶의 주인이 되고 싶다면 인을 다짐하고 실천해야 한다. 이는 마치 국궁과 같다. 축구와 야구는 상대편의 실력과 컨디션에 따라 결과가 달라지기도 하지만, 국궁은 오직 자기 실력에 달렸다. 과녁을 맞히지 못했다면 자신을 돌아봐야 한다.

【 21장 】

아이처럼 어리석어야 하네

맹자께서 말씀하셨다.
"대인은 아이의 마음을 잃지 않은 사람이다."

孟子曰 大人者 不失其赤子之心者也
맹 자 왈 대 인 자 불 실 기 적 자 지 심 자 야

《맹자》

대인은 군자의 다른 이름이다. 아이의 마음이란 《주역》에 따르면 어리석음[蒙]이다. 아이는 차별에 어리석고 편견에 어리석다. 거짓이 없고 분별이 없으며 선입견이 없다. 그렇기에 아이의 어리석음은 비움이되 '열린 비움'이다. 그리고 열린 비움은 곧 채움이다. 비움은 새로운 채움을 맞이한다. 맹자 외에도 많은 성현이 아이의 이런 마음을 중시했다. 불교는 동심을 불심과 비슷하다 했고, 예수는 어린 아이와 같아야 천국에 들어갈 수 있다고 했다. 노자는 갓난아기가 도의 모습에 가깝다고 말했다.

다만 주의할 점은 맹자가 대인이 곧 아이라고는 하지 않았다는 것이다. 대인은 아이의 마음을 잃지 않은 것이지, 아이의 마음이 그대로 곧 대인의 마음은 아니다. 종교학자 오강남의 당부를 참고하자.

어린아이의 '주객 미분 pre-subject/object'의 상태와 도를 터득한 어른의 '주객 초월 trans-subject/object'의 상태는 '주객 이분 subject/object dualism'의 상태가 아니라는 점에서는 같지만 양자가 완전히 같지는 않다는 사실을 기억해야 한다. … '어린아이 같음 childlikeness'과 '유치함 childishness'의 차이점은 분명히 알고 있어야 하겠다.

— 《도덕경》(현암사)에서

【 22장 】

그 산은 원래 민둥산이 아니었네

맹자께서 말씀하셨다.

"우산牛山의 나무들이 전에는 울창했는데

도성 근교인 탓에 도끼로 베어 대니 어찌 무성할 수 있겠는가.

밤낮으로 자라나고 비와 이슬이 적셔 주어

새 움이 돋지 않는 바는 아니지만,

소와 양이 또 쫓아가 뜯어 먹으니 저렇게 민둥산이 되었다.

사람들이 저리 민둥산이 된 것을 보고는

원래 나무가 없었다고 여기는데

그것이 어찌 산의 본모습이겠는가."

孟子曰 牛山之木 嘗美矣 以其郊於大國也
맹자왈 우산지목 상미의 이기교어대국야

斧斤伐之 可以爲美乎 是其日夜之所息
부근벌지 가이위미호 시기일야지소식

雨露之所潤 非無萌蘖之生焉 牛羊
우로지소윤 비무맹얼지생언 우양

又從而牧之 是以 若彼濯濯也 人見其濯濯也
우종이목지 시이 약피탁탁야 인견기탁탁야

以爲未嘗有材焉 此豈山之性也哉
이위미상유재언 차기산지성야재

《맹자》

❖

우산에는 본래 나무가 무성했지만 도끼로 베어 내고 소와 양이 뜯어 먹으니 민둥산이 되었다. 물론 그 사이에도 나무는 계속 자라고 있었다. 그런데 사람들은 벌목과 목축은 감안하지 않고 우산이 본래 민둥산이었다고 말한다. 우산의 본모습을 아는 사람은 얼마나 가슴이 아프겠는가.

―

"사람이 간직한 것에 인의의 마음이 없었겠는가마는,
양심을 버림이 도끼로 나무를 베어 내는 것과 같아,
날마다 도끼로 찍어 내는 데 어찌 무성할 수 있겠는가.
그나마 밤낮으로 자라나고 새벽의 맑은 기운 덕에
좋고 싫음이 인간다움에 가깝지만 그 미미한 것조차
낮에 저지르는 소행들이 어지럽혀 없애 버린다.
어지럽히기를 반복하면 밤기운이 보존될 수 없고
밤기운이 보존될 수 없으면 짐승과 멀지 않게 된다.
사람들이 저 짐승같이 된 것을 보고는
원래 선한 자질이 없었다고 여기는데
그것이 어찌 사람의 본마음이겠는가."

雖存乎人者 豈無仁義之心哉 其所以放其良心者
수 존 호 인 자 기 무 인 의 지 심 재 기 소 이 방 기 양 심 자

亦猶斧斤之於木也 朝朝而伐之 可以爲美乎 其日夜之所息
역 유 부 근 지 어 목 야　조 조 이 벌 지　가 이 위 미 호　기 일 야 지 소 식

平朝之氣 其好惡與人相近也者 幾希 則其旦晝之所爲
평 조 지 기　기 호 오 여 인 상 근 야 자　기 희　즉 기 단 주 지 소 위

有梏亡之矣 梏之反覆 則其夜氣不足以存 夜氣不足以存
유 곡 망 지 의　곡 지 반 복　즉 기 야 기 부 족 이 존　야 기 부 족 이 존

則其違禽獸 不遠矣 人見其禽獸也 而以爲未嘗有才焉者
즉 기 위 금 수　불 원 의　인 견 기 금 수 야　이 이 위 미 상 유 재 언 자

是豈人之情也哉
시 기 인 지 정 야 재

《맹자》

사람의 마음도 우산과 같다. 본래 인의가 있지만, 도끼로 나무를
베어 내듯이 인의를 해치고, 산에 가축을 방목하듯이 욕심만을 풀어
기르니 인의의 마음이 자랄 길이 없다. 다행히 본성이 선을 좋아하
고 악은 싫어해 인간다움에 가까울 뿐이다.

그러나 인의를 어지럽히기를 반복하면 그 미미한 마음조차 보존될
수 없다. 결국 점차 인간다움을 잃어 짐승과 다를 바 없게 된다. 이처
럼 선한 본성을 후천적인 것들이 가려 버린다는 게 맹자의 주장이다.

맹자는 성선설을 계속 주장하고 증명하려 했다. 사람들의 마음을
선한 쪽으로 움직이고, 또한 국가가 성선설에 근거해 인간적인 방향
으로 통치해 나가길 바라서였다. 마음이 본래 선하다는 사실을 밝혀

냈다면, 사람은 자연 자신의 본성을 가꾸기 위해 노력해 갈 것이다.

조선에도 맹자 같은 믿음을 가진 이가 있었다. 바로 세종이다. 《세종실록》에 따르면 한글 창제 과정에서 세종은 중신들을 비롯한 지배층과 큰 갈등을 겪었다. 그럼에도 의지를 굽히지 않으며 다음과 같은 말들로 사람들을 설득했다.

쉬운 글자를 만들면 백성이 직접 성현의 글을 읽을 수 있고, 그러면 백성도 자연히 도리를 깨우칠 수 있지 않겠소.

그때 한 중신이 반박했다.

쉽게 그림으로 설명해도 교화가 안 되는 지경인데, 백성이 직접 글을 읽는다고 해서 어찌 교화가 되겠습니까.

세종은 크게 노하며 그를 꾸짖었다.

그따위 말이 어찌 세상의 이치를 아는 선비의 입에서 나올 수 있단 말인가. 아무짝에도 쓸모없는 저속한 자로다!

응당 선비라면 인간 본성의 선함과 인간이면 누구나 진리를 깨우칠 가능성을 갖고 있다고 믿어야 하며, 그런 믿음을 구현하려는 한

글 창제에 동참해야 옳다. 그런데 그 신하는 백성을 내려다보면서 성선설을 부정한 꼴이니 세종이 격노한 것이다. 맹자 역시 이런 상황이었다면 반대하는 신하에게 "우산이라고 어찌 본래 민둥산이었겠느냐"며 한탄했을 것이다. 성선설을 군건히 믿었던 세종 덕분에 지금 우리는 문맹률이 낮은 나라에서 살고 있는 것은 아닐까.

—

"그러므로 잘 기른다면 자라지 않는 것이 없고
기르지 않는다면 없어지지 않는 것이 없다.
공자께서 '잡으면 보존되고 놓으면 잃게 되며
드나듦에 일정한 때가 없고 방향도 알지 못한다'고 하셨는데,
이는 바로 마음을 가리킨 것이다."

故苟得其養 無物不長 苟失其養 無物不消 孔子曰
고 구 득 기 양 무 물 부 장 구 실 기 양 무 물 불 소 공 자 왈

操則存 舍則亡 出入無時 莫知其鄕 惟心之謂與
조 즉 존 사 즉 망 출 입 무 시 막 지 기 향 유 심 지 위 여

《맹자》

내면에서 인의를 잘 기른다면 자라지 않을 리 없다. 그런데 이 내면의 마음이란 것이 도통 다루기가 쉽지 않다. 맹자는 공자의 말을 인용해서, 마음이란 일정한 때가 없이 드나들고 방향도 따로 없는

탓에 잡으면 보존되지만, 놓으면 곧장 잃고 만다며 '마음 챙김'의 어려움을 토로한다.

이와 관련해 재미있는 일화가 하나 있다. 중국 당나라 때 덕산이란 승려가 있었다. 그는 학문이 깊고 수행도 오래 쌓았는데, 특히 《금강경》에 대한 조예가 깊었다. 한번은 길을 가다 노점에서 떡을 파는 노인을 보게 되었다. 마침 점심때였다.

"점심 요기를 하려고 하니 떡 하나 파십시오."

그러자 대뜸 노인이 물었다.

"스님, 걸망에 있는 책이 무엇입니까?"

덕산이 답했다.

"《금강경》입니다."

그러자 노인은 이렇게 응수했다.

"점심이요? 《금강경》에는 '과거의 마음도 얻을 수 없고, 현재의 마음도 얻을 수 없으며, 미래의 마음도 얻을 수 없다'는 구절이 있다고 들었는데, 그러면 스님은 어떤 마음에 점을 찍으시겠습니까?"

덕산은 당황해 아무 말도 하지 못했다고 한다.

노인의 말은 일종의 언어유희다. 덕산은 노인에게 점심으로 먹을 떡을 달라고 말했다. 그런데 점심點心을 글자 그대로 풀이하면, '마음[心]에 점을 찍다[點]'가 된다. 그래서 노인이 이를 이용해 덕산에게 선문답을 던진 것이다. 과거의 마음은 이미 지나가 버렸으니 잡을 수 없고, 미래의 마음은 아직 오지 않았으니 잡을 수 없다. 남은 것은 현재 이 순간의 마음뿐인데, 현재란 것도 실제로 지금에 멈춰 있는 것이 아니고 곧장 과거가 되어 버리고 만다. 그런데 대체 어떤 마음에 점을 찍을 수 있겠느냐는 것이다.

이러한 심오한 질문에 고승인 덕산도 그만 말을 잃고 만다. 이처럼 수행이 깊은 고승도 쉽게 대꾸하지 못할 정도로 마음 챙김이란 무척 어렵다. 그래서 공자가 마음의 드나듦에는 "일정한 때가 없고 방향도 알지 못한다"고 한 것이다.

잃어버린 가축은 찾으면서
왜 마음은 찾지 않는가

맹자께서 말씀하셨다.

"인은 사람의 마음이요 의는 사람의 길이다.

그 길을 버리고 따르지 않으며 그 마음을 잃고 찾을 줄 모르니 슬프다.

사람이 닭과 개를 잃으면 찾을 줄 알지만 마음을 잃고서는 찾을 줄 모른다.

학문의 길은 다른 것이 아니다. 그 잃은 마음을 찾는 것일 뿐이다."

孟子曰 仁 人心也 義 人路也 舍其路而不由 放其心而不知求 哀哉
맹자왈 인 인심야 의 인로야 사기로이불유 방기심이부지구 애재

人有鷄犬放 則知求之 有放心而不知求 學問之道 無他 求其放心而已矣
인유계견방 즉지구지 유방심이부지구 학문지도 무타 구기방심이이의

《맹자》

❖

23장부터 29장까지는 요지가 비슷하다. 여러 비유를 통해 마음의 중요함을 깨닫고 이를 잘 챙기라고 권한다.

이 글에서 맹자는, 사람은 기르는 가축을 잃으면 당장 찾아 나서지만 정작 자기 마음을 잃고서는 찾을 생각을 하지 않는다고 지적한다. 또한 그 잃은 마음을 되찾는 여정이 학문이라고 일깨운다.

앞 장에선 마음 챙김의 어려움을 살펴보았는데 여기서는 마음 챙김의 중요성을 설명한다. 순간순간 나의 마음을 다잡기 위해 어떻게 해야 할까. 많은 성현이 마음 챙김 공부에 힘썼고, 나름의 방법을 고안했다. 그중 원불교를 창시한 박중빈이 고안한 마음 챙김 방법을 소개하고자 한다.

박중빈은 '유무념 공부'를 통해 마음을 다잡고자 했다. 여기에서 유무념은 유념과 무념을 일컫는다. 유념은 일상생활에서 마음으로 의식하고 행동했을 때, 즉 마음 챙김에 성공했을 때를 가리키고, 무념은 항상 하던 듯이 습관적으로 사고하고 행동했을 때, 즉 마음 챙김을 놓쳤을 때를 가리킨다.

내면에서 어떤 마음 혹은 감정이 올라오려고 할 때, 그것을 일찍 감지할수록 다스리기가 쉽다. 만일 타인의 거슬리는 말 한마디에 심장이 뛰고 불같이 화가 나는 사람이 있다면, 그는 마음속에 '비난→분노' 회로(마음의 습관)가 있는 셈이다. 비난을 들으면, 판단할

겨를도 없이 내 뜻과 무관하게 곧장 이 분노 회로가 작동한다. 감정에 예속된 상태다.

이 회로를 끊어 내려면 비난을 들은 직후 회로가 작동하기 직전에 자기 마음을 재빨리 알아차려야 한다. '비난하는 말을 들으면, 분노가 일어나기 직전에 빨리 내 마음을 돌아보자'고 유념하고 실천하는 게 바로 '유념'이다. 반대로 그렇게 하지 못한 채 습관대로 분노가 일어났으면 '무념'이다.

박중빈은 평소에 흰콩과 검은콩을 들고 다니면서 '유념'했을 때는 흰콩, '무념'하고 지나쳤을 때는 검은콩을 주머니에 넣었다고 한다. 그리고 하루 일과를 마칠 때 주머니 속 콩의 수를 헤아려 그날 하루 자신의 마음공부 상태를 되돌아보았다고 한다. 이때 흰콩은 물론 검은콩이 많아도 마음공부에 진전이 있다고 보았다. 습관대로 지나치고 말았음을 인식했다는 것만으로도 성과는 있기 때문이다. 그냥 마음속으로 마음 챙김의 중요성을 되새기기보다는, 유무념 공부 같은 수행법을 구체적으로 실천하는 것이 마음을 다잡는 데 더 도움이 될 것이다.

【 24장 】

안이 있어야 겉이 있네

맹자께서 말씀하셨다.

"지금 약지가 굽어 펴지지 않는다면 아파서 일에 지장을 줄 정도가
아니라도 손가락을 펴 줄 수 있는 사람만 있다면 진나라든 초나라든
마다하지 않고 달려갈 것이다. 이는 손가락이 남과 같지 않기 때문이다.
손가락이 남과 같지 않은 건 싫어할 줄 알면서 마음이 남과 같지 않은 건
싫어할 줄 모르니, 이것을 가리켜 인간 본질[類]을 알지 못한다고 한다."

孟子曰 今有無名之指 屈而不信 非疾痛害事也 如有能信之者
맹자왈 금유무명지지 굴이불신 비질통해사야 여유능신지자

則不遠秦楚之路 爲指之不若人也 指不若人 則知惡之
즉불원진초지로 위지지불약인야 지불약인 즉지오지

心不若人 則不知惡 此之謂不知類也
심불약인 즉부지오 차지위부지류야

《맹자》

맹자는 외면에는 그토록 신경 쓰면서 왜 내면에는 무심하냐면서 안타까워한다. 눈여겨볼 대목은 마지막 문장이다. 내면을 돌보지 않는 것을 맹자는 "유類를 알지 못한다"고 했다. 여기서 유는 무슨 뜻일까. 보통은 '경중輕重'으로 풀이한다. 일의 경중을 모른다고 할 때의 그 경중이다.

그런데 옥편을 보니 유는 경중의 의미로 거의 쓰이지 않는다. '종류', '무리'라는 뜻으로 많이 쓰이고《논어》,《주역》,《회남자》에서도 종류로 해석되는 용례가 많다. 이 장에서 유는 종류, 무리로 풀이하는 게 더 자연스럽다.

무리라는 것은 구별을 전제로 한다. 다른 무리가 있어야 이 무리가 존재할 수 있기 때문이다. 그리고 구분되는 지점이 바로 이 무리의 특성이고 본질이다. 따라서 "인간 본질을 알지 못한다"는 마지막 문장은 '인간이라는 무리를 알지 못한다' 즉 '인간 종의 본질을 알지 못한다'고 해석하는 게 맥락상 자연스럽다.

독일 철학자 포이어바흐는 인간을 다른 동물과 구별하기 위해 "유적존재類的存在"란 개념을 썼다. 그리고 인간이 동물과 구별되는 지점, 즉 인간의 본질이야말로 진리의 궁극적인 척도라고 했다. 인간 본질에 따른 행동이 가치 있는 것이요, 본질에 위배되는 것은 허위라는 말이다.

맹자 또한 "인간은 짐승과 조금 다를 뿐이다. 보통 사람들은 그 점을 버리고 군자는 그 점을 간직한다"고 했다. 그 지점은 어렴풋하지만 분명히 존재하는 도심이다. 손가락이 다른 사람과 같지 않다고 해서, 신체가 남들과 다르다고 해서 유적존재로서의 인간 본질을 잃는 건 결코 아니다. 마음이 다른 사람과 같지 않을 때, 즉 내 마음이 본성과 어긋날 때 인간 본질을 잃는 것이다.

【 25장 】

오동나무가 귀한가 대추나무가 귀한가

맹자께서 말씀하셨다.

"사람은 제 몸을 살뜰히 아껴 몸 전체를 고루 보살핀다.

작은 살점 하나 보살피지 않는 것이 없다.

잘 보살피고 못 보살필 곳이 있겠느냐.

자기 몸에서 가려잡을 따름이다.

그런데 몸에도 귀천이 있고 크고 작음이 있으니,

작은 것으로 큰 것을 해치지 말고

천한 것으로 귀한 것을 해치지 마라.

작은 것을 보살피는 자는 소인이 되고

큰 것을 보살피는 자는 대인이 된다."

孟子曰 人之於身也 兼所愛 兼所愛 則兼所養也
맹자왈 인지어신야 겸소애 겸소애 즉겸소양야

無尺寸之膚 不愛焉 則無尺寸之膚 不養也
무척촌지부 불애언 즉무척촌지부 불양야

所以考其善不善者 豈有他哉 於己取之而已矣
소이고기선불선자 기유타재 어기취지이이의

體有貴賤 有小大 無以小害大 無以賤害貴
체유귀천 유소대 무이소해대 무이천해귀

養其小者 爲小人 養其大者 爲大人
양기소자 위소인 양기대자 위대인

《맹자》

◆

맹자가 몸보다 마음이 중요하다고 그토록 설득했는데도 사람들이 귀담아 듣지 않았나 보다. 맹자는 다른 방법을 강구한다. 사람들이 그토록 아끼는 몸을 둘로 나눠 마음을 또 다른 몸으로 설정한 것이다. 마음은 큰 몸[大體]으로, 신체는 작은 몸[小體]으로 말이다. 맹자는 작은 것 즉 신체를 귀하게 여기느라, 큰 것 즉 마음을 해치지 말라고 조언한다. 이어 작은 것을 주로 보살피는 자는 소인이 되고, 큰 것을 보살피는 자는 대인이 된다고 말한다.

이는 맹자의 독창적인 발상이 아니다. 동아시아에서는 예로부터 몸과 마음의 경중을 따지면서도 정작 이 둘을 이분하지는 않았던 것 같다. 다른 문화권에 비해 영혼과 사후 세계에 대한 관심이 적고 현세 중심적인 사고관이 두드러지는 까닭이다.

수신修身이라는 말이 있다. 글자 그대로 해석하면 몸을 닦는다는 뜻인데, 아무도 이를 목욕이라고 풀이하지는 않는다. 수신은 몸과 마음을 수양하는 것을 말한다. 내면을 평화롭게 다스리고 이러한 내면이 외면에 드러나 평안한 자세를 갖추는 것이다. 맹자의 큰 몸, 작은 몸 철학과 상통한다.

도올 김용옥은 자신의 철학을 '몸철학'이라 명명했는데, 이때 몸을 'Body'가 아닌 우리말 그대로 'Mom'으로 표기한다. 이 또한 몸과 마음을 이분하지 않는 맹자와 동아시아 사상에 기인한다.

—

"어떤 원예사가 오동나무와 가래나무는 버리고
대추나무와 가시나무만 보살핀다면 보잘것없는 원예사가 된다.
손가락은 보살피면서 어깨와 등이 다친 것은 모른다면
돌팔이 의사가 된다. 먹고 마시기만 하는 이를
사람들이 천하게 여기는 까닭은,
작은 것을 보살피느라 큰 것을 잃었기 때문이다.
먹고 마시기만 하는 사람이라도 양심을 잃지 않는다면
그 먹고 마시는 것이 어찌 한 치의 살이 될 뿐이겠는가."

今有場師 舍其梧檟 養其樲棘 則爲賤場師焉
금유장사 사기오가 양기이극 즉위천장사언

養其一指 而失其肩背 而不知也 則爲狼疾人也
양기일지 이실기견배 이부지야 즉위랑질인야

飮食之人 則人賤之矣 爲其養小以失大也 飮食之人
음식지인 즉인천지의 위기양소이실대야 음식지인

無有失也 則口腹 豈適爲尺寸之膚哉
무유실야 즉구복 기적위척촌지부재

《맹자》

큰 몸(마음)을 내버려 두고 작은 몸(신체)을 살피는 것은, 손가락은
보살피면서 어깨와 등이 다친 것은 모르는 돌팔이 의사의 행위와 같
다. 오동나무와 가래나무는 값나가는 귀한 나무다. 이들을 버려두고

흔한 대추나무와 가시나무를 아끼는 것과 무엇이 다르냐는 물음이다. 모두 작은 것을 보살피느라 정작 큰 것을 잃는 행위다.

먹고 마시는 것은 문제가 아니다. 먹고 마시기만 하는 것이 문제다. 양심을 지키고 진리와 정의를 탐구하고 실천하려는 사람에게 먹고 마시는 것은 그 길로 나아가는 데 쓰이는 에너지이지만, 그저 먹고 마시기만 하는 사람에게는 단지 살을 찌우는 습관일 뿐이다.

불교의 식전 기도문이 좋은 예다.

이 음식이 어디서 왔는고. 내 덕행으로는 받기가 부끄럽네. 마음의 온갖 허물을 모두 버리고 육신을 지탱하는 약으로 알아, 도업을 이루고자 이 공양을 받습니다.

【 26장 】

사실 너머 진실까지 봐야 하네

공도자가 여쭈었다.

"다 같은 사람이건만 누구는 대인이 되고

누구는 소인이 됩니다. 왜 그렇습니까?"

맹자께서 말씀하셨다.

"큰 몸 따르면 대인이 되고 작은 몸 따르면 소인이 되네."

공도자가 또 여쭈었다.

"마찬가지로 다 같은 사람인데

왜 누구는 큰 몸을 따르고 누구는 작은 몸을 따르는 것입니까?"

公都子問曰 鈞是人也 或爲大人 或爲小人 何也 孟子曰 從其大體爲大人
공도자문왈 균시인야 혹위대인 혹위소인 하야 맹자왈 종기대체위대인

從其小體爲小人 曰 鈞是人也 或從其大體 或從其小體 何也
종기소체위소인 왈 균시인야 혹종기대체 혹종기소체 하야

《맹자》

❖

공도자는 맹자의 제자다. 맹자에게 핵심을 짚어 가며 질문을 밀어붙인다. 이처럼 좋은 질문은 위대한 사상을 확장시키는 기폭제가 된다.

—

맹자께서 말씀하셨다.

"감각 기관은 사유하는 힘이 없으니 물질에 휘덮이기 쉽네.

물질과 물질이 얽혀 꺼두르는 것이야. 마음 기관에는 사유하는 힘이 있지.

사유하면 얻되 사유하지 않으면 얻을 수 없어.

마음 기관은 하늘이 내게 주신 것이니,

먼저 큰 것을 확립하면 작은 것도 떠나지 못한다네.

이것이 대인이 되는 법일세."

曰 耳目之官 不思而蔽於物 物交物 則引之而已矣 心之官則思
왈 이목지관 불사이폐어물 물교물 즉인지이이의 심지관즉사

思則得之 不思則不得也 此天之所與我者 先立乎其大者
사즉득지 불사즉부득야 차천지소여아자 선립호기대자

則其小者 弗能奪也 此爲大人而已矣
즉기소자 불능탈야 차위대인이이의

《맹자》

마음을 마치 신체 기관처럼 '마음 기관'이라 표현한 점이 재미있

다. 이는 큰 몸, 작은 몸 비유의 연장이다. 감각 기관만으로는 사유가 불가능하다. 눈으로 빛깔을 보고 귀로 소리를 듣는 것은 가능하다. 하지만 빛깔과 소리에 의미를 부여하고 파악하는 것은 마음 기관의 일이다. 대상을 가져오는 것은 감각 기관이지만 그 대상을 해석하는 것은 마음 기관이다.

이 둘이 서로 잘 작용해야 함은 당연한데, 문제는 마치 감각 기관만 있는 것처럼 사는 사람이 많다는 것이다. 오감의 욕망을 채우는 것으로만 소일하는 사람이 그 예다. 맹자에 따르면 사유하지 않는 사람이다.

사유란 단순히 생각하는 것 이상을 가리키는 철학 언어다. 사유는 '사실 너머 진실을 보는 것'이다. 예를 들어 보자. 마트에서 식자재를 훔치는 사람을 본다. 그를 도둑이라 손가락질한다. 여기까지는 사실의 영역이다. 하지만 이후 그 사람에게 피치 못할 사정이 있음을 알게 됐다. 혹은 유추했다. 그러면 이전처럼 그를 쉽사리 비난하기 어려워진다. 이건 진실의 영역이다.

조금 불편할 수 있는 사례이지만, 들어 보겠다. 노동자들이 도로를 점거하고 시위하는 모습을 본다. '구호가 너무 거칠다', '교통을 방해한다', '대화로 해결해야지 저런 방식은 옳지 않다' 같은 생각이 몰아친다. 이는 눈에 보이는 대로만 생각한 경우다. 그런데 우리나라 산업재해 사망자 수가 한 해 2천 명 가까이 이르고, 열악하고 비인간적인 노동 환경에서 하루 평균 5명이 죽는다는 정부 통계 자료를 알게 됐다. 그러면 생각이 조금은 달라진다.

혹은 시위하는 노동자의 사연을 우연히 듣게 됐다. 그 노동자는 부당하게 해고를 당했고, 그 때문에 가족의 생계가 위태하다. 복직을 위해 사업주에게 부탁도 해 보고 노동청에 도움도 청해 보았지만 결과는 바뀌지 않았다. '평화적' 수단을 다 동원했지만 소용이 없어 결국 거리로 나서게 됐다. 뒤늦게 이런 사실을 알게 되었다면 쉽게 그 노동자를 비난하지는 못하리라.

이렇듯 보이는 그대로의 것을 사실이라 하고, 종합적으로 이해해 보게 된, 그 사실 너머의 것을 진실이라 부른다. 사유란 이 진실을 읽는 힘이다. 사유의 대표적인 방법이 역지사지다. 상대방 처지에서 본다는 것은, 단편적으로 대상화하던 타자를 종합적으로 이해하려는 입장으로 나아감을 뜻한다. 사실에서 진실로 나아감이다. 이를 맹자는 마음 기관을 작동해 사유한다고 표현한다. 그리고 이를 실천하는 사람이 대인이라는 것이다.

【 27장 】

굶주림은 마음도 해친다네

맹자께서 말씀하셨다.

"굶주린 사람은 먹는 것마다 달고 목마른 사람은 마시는 것마다 달다.
이것은 음식의 참맛을 모르는 것이다. 굶주림과 목마름이 참맛을 해친
탓인데, 어찌 입과 목만 굶주림과 목마름의 해를 입겠는가. 사람의 마음도
해를 입는다. 그러나 사람이 굶주림과 목마름에도 마음에 해를 입지
않는다면, 인간다움에 미치지 못할까 봐 걱정하지 않아도 된다."

孟子曰 飢者甘食 渴者甘飮 是未得飮食之正也 飢渴害之也
맹자왈 기자감식 갈자감음 시미득음식지정야 기갈해지야

豈惟口腹有飢渴之害 人心亦皆有害 人能無以飢渴之害
기유구복유기갈지해 인심역개유해 인능무이기갈지해

爲心害 則不及人 不爲憂矣
위심해 즉불급인 불위우의

《맹자》

맹자가 작은 몸은 소홀히 하고 그저 큰 몸만 중시한 것이 아님을 알 수 있다. 굶주리고 목마를 때는 무엇이든 맛나고 달다. 굶주림과 목마름이 나의 미각을 해친 탓이다. 굶주림과 목마름은 미각만을 해치지 않는다. 굶주리고 목마르면 사람의 본성도 희미해진다.

곳간에서 인심 난다는 말이 있다. 기본적인 욕구가 해결되는 등 생활이 안정된 후에야 마음 또한 여유를 가질 수 있는 것이다. 굶주림과 목마름이 마음을 해칠 수 있다고 한 까닭이다. 그래서 맹자는 위정자들을 만날 때마다 백성을 길들이려고만 하지 말고 물질적으로 풍족하게 해 주는 것이 우선이라고 강조했다.

그런데 굶주림과 배고픔이란 악조건에서도 평화로운 마음을 잃지 않는 사람이 있다면, 그는 가히 대인이라 할 만하다. 자기 형편도 어려우면서 이웃을 돕는 사람들 역시 대인이다.

【 28장 】

구차하게 살지 않겠다

맹자께서 말씀하셨다.

"생선은 내가 원하는 것이고 곰발 요리도 내가 원하는 것이다.

그러나 두 가지를 다 가질 수 없다면

생선을 버리고 곰발 요리를 취하겠다.

삶도 내가 바라는 것이요 의로움도 내가 바라는 것이다.

그러나 두 가지를 다 가질 수 없다면 삶을 버리고 의로움을 취하겠다.

삶은 내가 소망하는 것이지만

삶보다 더 절실히 소망하는 것이 있다면 구차하게 살지는 않을 것이다.

죽음도 내가 싫어하는 것이지만 죽음보다

더 극심히 싫어하는 것이 있다면

죽음을 구차하게 피하지는 않을 것이다."

孟子曰 魚我所欲也 熊掌亦我所欲也 二者不可得兼
맹자왈 어아소욕야 웅장역아소욕야 이자불가득겸

舍魚而取熊掌者也 生亦我所欲也 義亦我所欲也
사어이취웅장자야 생역아소욕야 의역아소욕야

二者不可得兼 舍生而取義者也 生亦我所欲 所欲有甚於生者
이자불가득겸 사생이취의자야 생역아소욕 소욕유심어생자

故不爲苟得也 死亦我所惡 所惡有甚於死者 故患有所不辟也
고불위구득야 사역아소오 소오유심어사자 고환유소불피야

《맹자》

❖

생선과 곰발 요리 둘 다 좋지만, 한 가지를 골라야 한다면 귀한 곰발 요리를 택한다. 마찬가지로 삶과 의로움 둘 다 좋지만 한 가지를 선택해야 한다면 의로움을 취하겠다는 맹자의 다짐이다. 사람에게 삶보다 더 절실히 소망하는 게 있고, 죽음보다 더 극심히 싫어하는 게 있다면 삶을 버리고 죽음을 택할 수도 있는 것이다. 그 길을 걷겠노라고 맹자는 말한다.

—

"만약 삶보다 더 절실하게 소망하는 것이 없다면
무릇 사람은 살기 위해선 못할 짓이 없을 것이다.
만약 죽음보다 더 극심하게 싫어하는 것이 없다면
무릇 사람은 죽음의 환난을 피하기 위해선 못할 짓이 없을 것이다.
하지만 이렇게 하면 살 수 있는데도 하지 않는 경우가 있고,
이렇게 하면 환난을 피할 수 있는데도 하지 않는 경우가 있다.
그러므로 삶보다 더 강렬하게 소망하는 것이 있고
죽음보다 더 강렬하게 싫어하는 것이 있는 것이다.
현자만이 이러한 마음을 갖고 있는 것은 아니다.
사람이라면 누구나 갖고 있다. 단지 현자는 이를 잃지 않을 따름이다."

如使人之所欲 莫甚於生 則凡可以得生者 何不用也 使人之所惡
여 사 인 지 소 욕 막 심 어 생 즉 범 가 이 득 생 자 하 불 용 야 사 인 지 소 오

莫甚於死者 則凡可以辟患者 何不爲也 由是 則生而有不用也
막심어사자 즉범가이피환자 하불위야 유시 즉생이유불용야

由是 則可以辟患而有不爲也 是故所欲 有甚於生者 所惡
유시 즉가이피환이유불위야 시고소욕 유심어생자 소오

有甚於死者 非獨賢者 有是心也 人皆有之 賢者 能勿喪耳
유심어사자 비독현자 유시심야 인개유지 현자 능물상이

《맹자》

삶보다 더 귀하고 죽음보다 더 두려운 것이 있음을 짐작하지만,
대부분의 사람은 맹자와 같은 결단을 내리기 어렵다. 막상 그런 선
택을 할 수 있는 상황에 놓이면 자기 목숨을 지키려는 게 또한 어쩔
수 없는 인간의 본성이 아닐까 싶다.

하지만 그렇지 않은 이들도 분명 존재한다. 독립운동가를 비롯해
우리 주변에는 알게 모르게 삶보다 더 귀한 가치를 위해 투신하고
때로 죽음을 각오하고 바른 길을 걷는 이들이 있다. 살신성인殺身成仁
하는 이들 말이다.

명절에 할아버지 댁에 가면 꼭 보는 비석이 있다. 비석에 이런 내
용이 새겨져 있다.

일제 강점기에 친일파들이 못된 일을 꾸미는 일이 종종 있었는데,
한 예로 근대적인 계약에 무지했던 시골 사람들을 상대로 사기를 쳐
재산을 잃게 하고 심지어 빚까지 지게 만들었다. 할아버지 고향에서
도 그런 일이 있었다. 그 집은 아들만 셋이었는데 이 중 첫째가 사기

를 당했다. 당시에는 빚을 못 갚으면 곤장을 맞고 멍석말이를 당해야 했다.

　형제가 모였을 때 막내가 말했다. "형님은 연세가 많으셔서 멍석말이를 당하면 목숨을 부지하기 어렵습니다. 제가 대신 가겠습니다." 형과 이웃이 극구 말렸으나 막내의 뜻을 꺾을 수는 없었다.

　시간이 많이 지났는데도 막내는 돌아오지 않았다. 크게 걱정한 형제와 마을 사람들이 나가 보았다. 그의 시신을 발견한 곳은 마을 입구였다. 가혹하게 멍석말이를 당해 돌아오는 길에 쓰러져 죽었던 것이다.

　실은 나의 고조부 이야기다. 어릴 적 비석에 적힌 이 이야기를 듣고 울었다. 한편으로는 그런 고조부 자손이란 사실이 자랑스럽기도 했다. 나의 선조 중에는 높은 관직에 오르거나 출세한 사람도 없고, 대학을 나온 분도, 위대한 독립운동가나 민주투사도 없지만, 그런 고조부가 있었다는 사실만으로도 충분히 어깨를 펴고 다닐 수 있었다.

　느닷없이 이 이야기를 꺼낸 이유는 위대한 사람들만 살신성인하는 것은 아님을 말하고 싶어서다. 위험에 처한 자식을 구하기 위해 목숨을 버릴 어머니와 아버지가 많을 것이다. 그러한 평범한 사람들이 있어 우리는 사람에게 본디 인의가 있음을 알 수 있다. 맹자는 말한다. 우리 모두에게 인의가 있으되, 현자는 다만 이를 잃지 않을 뿐이라고.

"밥 한 그릇, 국 한 대접을 얻어먹으면 살고 못 얻으면 죽는 상황이더라도

욕하면서 주면 노숙인도 받지 않고 걸어차서 주면 걸인도 반기지 않는다.

그러나 거액의 녹봉이라면 예의를 따지지 않고 받는다.

그런데 대체 그런 녹봉이 내게 무슨 보탬이 되는가.

집을 호화롭게 꾸미기 위함인가, 배우자에게서 대접을 받기 위함인가.

아니면 면식 있는 사람들 좀 도와주고서 칭송받기 위함인가.

전에는 죽는다 해도 받지 않던 이가 지금은 집을 호화롭게 하고자 받고,

전에는 죽는다 해도 받지 않더니 지금은 배우자에게서 대접받으려 받으며,

전에는 죽는다 해도 받지 않더니

지금은 면식 있는 사람들 좀 돕고서 칭송받고자 받는다.

과연 그만둘 수는 없는 것인가. 이를 본마음을 잃었다고 일컫는다."

一簞食一豆羹 得之則生 弗得則死 嘑爾而與之 行道之人
일 단 사 일 두 갱 득 지 즉 생 부 득 즉 사 호 이 이 여 지 행 도 지 인

弗受 蹴爾而與之 乞人 不屑也 萬鍾則不辨禮義而受之
불 수 축 이 이 여 지 걸 인 불 설 야 만 종 즉 불 변 예 의 이 수 지

萬鍾於我何加焉 爲宮室之美 妻妾之奉 所識窮乏者
만 종 어 아 하 가 언 위 궁 실 지 미 처 첩 지 봉 소 식 궁 핍 자

得我與 鄕爲身 死而不受 今爲宮室之美 爲之 鄕爲身
득 아 여 향 위 신 사 이 불 수 금 위 궁 실 지 미 위 지 향 위 신

死而不受 今爲妻妾之奉 爲之 鄕爲身死而不受
사 이 불 수 금 위 처 첩 지 봉 위 지 향 위 신 사 이 불 수

今爲所識窮乏者 得我而爲之 是亦不可以已乎 此之謂失其本心
금위소식궁핍자 득아이위지 시역불가이이호 차지위실기본심

《맹자》

오래 굶주린 걸인도 욕을 하면서 주는 돈은 받고 싶지 않을 것이다. 그런데 '돈'이 마음속 맨 위에 자리를 잡으면 돈을 벌기 위해 물불을 가리지 않게 된다. 그런 삶은 결국 구차해진다. 맹자 말에 따르면 '본마음'을 잃은 삶이다.

이 장의 주제는 '살신성인'이다. 맹자가 말한 '삶보다 더 절실한 것'이 꼭 살신성인 같은 극단적인 상황에서의 선택을 말하는 건 아니다. 삶과 의로움 중 의로움을 선택한다는 것은, 돈을 훔칠 수 있는 상황에서 훔치지 않는 것이고, 거짓말을 하면 이로운 상황에서 거짓말을 하지 않는 것이며, 이웃을 헐뜯으면 이익을 얻는 상황에서도 이웃을 헐뜯지 않는 것이다. 남에게 아픔을 주면서까지 나의 성공을 도모하지 않는 것이다. 크고 작은 여러 선택의 상황에서 본마음 즉 도심을 지키는, 자부심 있는 삶을 살자고 맹자는 권한다. 영화 〈베테랑〉에서 서도철 형사의 말이 떠오른다.

우리가 돈이 없지 가오가 없냐?

29장

계급이 인격은 아닐세

맹자께서 말씀하셨다.

"닭이 울면 일어나 부지런히 선행하는 사람은 순임금의 사람이요,

닭이 울면 일어나 부지런히 이권을 챙기는 사람은 도척의 사람이다.

순임금과 도척의 차이는 별게 아니다. 선과 이익의 차이일 뿐이다."

孟子曰 雞鳴而起 孳孳爲善者 舜之徒也 雞鳴而起 孳孳爲利者
맹 자 왈 계 명 이 기 자 자 위 선 자 순 지 도 야 계 명 이 기 자 자 위 리 자

蹠之徒也 欲知舜與蹠之分 無他 利與善之間也
척 지 도 야 욕 지 순 여 척 지 분 무 타 이 여 선 지 간 야

《맹 자》

❖

1장에서 밝혔듯이 순임금은 중국 최고의 성군이다. 도척은 춘추시대 악랄한 도둑떼의 두목이다. 둘의 차이는 별게 아니다. 그날 하루 무엇을 지향하며 살았느냐에 따라 순임금의 사람이냐, 도척의 사람이냐로 나뉠 뿐이다.

과거에는 타고난 신분이 그 사람을 평가하는 유일한 잣대였다. 인격도 그 신분에 따라 결정된다고 믿었다. 군자는 인간의 이상적인 경지를 뜻하면서 '높은 귀족'을 일컫는 말이기도 했는데, 이는 신분이 높은 사람만이 군자가 될 수 있다는 이데올로기를 담고 있다. 반면 소인은 곧 백성이며 군자가 될 수 없는 존재다. 이런 사회적 통념을 깬 이가 공자였고, 맹자도 그 뜻을 계승하고 확고히 했다.

맹자는 말한다. 길가의 걸인도 무례한 적선은 거부한다. 그런데 국가에서 녹봉을 받는 귀족들은 옳고 그름을 따지기는커녕 재산을 쌓는 데만 혈안이 되어 있다. 대인과 소인의 구분은 사회 신분과 아무 관련이 없다. 큰 몸을 따르면 대인이요, 작은 몸을 따르면 소인이다. 하루하루 무엇을 좇으며 살고 있느냐 오직 그것으로만 성군인지 도둑인지 가늠할 수 있다.

30장

가시밭에선 튼튼한 신발이 필요하지

맹자께서 말씀하셨다.

"마음을 보살피는 데 욕망을 줄이는 것보다 더 좋은 것이 없다.

욕망이 적으면 비록 마음을 보존하지 못하더라도 잠깐 잃을 뿐이요,

욕망이 많으면 비록 마음을 보존하더라도 잠깐 보존하는 것일 뿐이다."

孟子曰 養心 莫善於寡欲 其爲人也 寡欲 雖有不存焉者
맹자왈 양심 막선어과욕 기위인야 과욕 수유부존언자

寡矣 其爲人也 多欲 雖有存焉者 寡矣
과의 기위인야 다욕 수유존언자 과의

《맹자》

마음을 보살피는 가장 좋은 방법은 욕망을 줄이는 것이다. 욕망을 줄이면 극도의 울분이 일어날 일도 줄어든다. 부정적인 감정은 내가 하고 싶은 대로, 내 욕망대로 되지 않았을 때 일어난다. 애초에 나의 욕망이 작다면 부정적인 감정이 일지언정 금세 평상심을 되찾을 수 있다.

반면 들끓는 욕망을 방치하면 설령 마음이 평안해지더라도 잠깐 그럴 뿐이다. 내 욕망대로 일이 진행될 때는 마음이 편하다. 하지만 세상은 결코 내 뜻대로만 흘러가지 않는다. 욕망과 어긋나는 일이 생기면 곧 평상심을 잃고 만다.

슬로베니아의 철학자 지젝은 "욕망은 충족시키기 위해서가 아니라 스스로 재생산하기 위해 존재한다"고 했다. 이 일만 풀린다면, 이것만 해결된다면 당장 나는 행복해질 것 같다. 하지만 잠깐 그럴 뿐이라는 걸 우리는 경험으로 안다. 하나가 해결되면 우리는 금세 또다시 불행할 이유를 찾아내고야 만다.

삶은 가시밭길이다. 그러므로 가시들을 다 치우기는 사실상 불가능하다. 그런데도 이 가시들을 치우는 일로 평생을 허비할 것인가. 아니면 그 가시밭으로부터 나를 지킬 튼튼한 신발을 마련할 것인가.

거듭 읽으며
마음을 사유했네

주돈이, 정이, 범준, 주희의 문장들

여기에서는 주돈이, 정이, 범준, 주희 네 사람의 문장을 읽는다. 모두 성리학자다. 주돈이에서 시작해 정이와 범준을 거쳐 주희에서 성리학은 꽃을 피웠다. 성리학이 우리나라에 들어온 것은 고려 말 안향 때다. 안향의 학문을 이은 성리학자들이 주축이 돼 조선을 건국했고, 성리학은 조선의 국가철학으로 자리매김했다. 우리가 아는 조선 대부분의 인물은 성리학자라고 보면 된다. 세종을 비롯한 임금들은 정치가 이전에 조예 깊은 성리학자였으며, 퇴계 이황과 율곡 이이는 물론 오늘날 실학자로 규정되는 다산 정약용 등도 사실 성리학의 틀에서 크게 벗어나지 않았다.

조선은 유독 성리학에 열광했다. 중국에서는 명나라 이후에 양명학이 득세했고, 일본에서는 17세기 에도시대에 이르러 진사이와 소라이가 창시한 유학이 성행한 적이 있다. 반면 조선이 건국된 이래 성리학은 한번도 국가철학으로서 자리를 위협받은 적이 없다. 이 때문에 조선 쇠락의 원인을 성리학에서 찾기도 한다. 하지만 성리학이 아니라, 성리학만을 중시한 데에 문제가 있다고 봐야 할 것이다. 나라에는 사회학자도 필요하고 과학자도 필요한데, 모든 것이 성리학에만 치중된 탓에 다른 학문이 발전하지 못했기 때문이다. 조선이 성리학이라는 좋은 자원을 토대 삼아 다른 학문을 연구했더라면 하는 아쉬움이 남는다.

조선을 사로잡은 '몰입의 심리학'

성리학은 현대의 분과학문으로 보면 심리학이다. 정치·사회·교육·심리·윤리학을 포괄한 기존 유학에 형이상학을 입힌 것인데, 이 중 심리학을 특화시켰다. 성리학은 형이상학의 색깔을 다분히 품고 있지만, 형이상학 자체를 연구하기보다는 형이상학의 근원을 탐구해 마음을 분석하고 다스리는 데 목적을 두었다. 마음은 무엇으로 구성되어 있고 어떻게 다스릴 수 있는지를 아는 데에 주력하고, 마음을 다스려야 하는 이유와 그랬을 때 어떤 효과를 얻는지도 설득한다. 특히 '이理'와 '기氣'라는 철학 개념을 도구로 세계를 해석하고, 여기에 대응하는 개념으로 '본연지성'과 '기질지성'을 창안해 마음을 분석했다.

마음은 본연지성을 키우고, 기질지성을 통제하는 방향으로 다스려 갔다. 그 지침이 주일무적主一無適과 정제엄숙整齊嚴肅이다. 주일무적은 마음을 하나에 몰입해 흩어지지 않도록 하는 명상법이다. 정제엄숙은 어지러워진 몸가짐과 태도를 가지런히 정리해 마음의 잡념까지 제거하는 것을 말한다. 두 지침 아래에 조용히 독서하기, 숲길 걷기 등 세세한 수양법도 두었다. 이런 과정을 거쳐 얻는 궁극의 효과가 '몰입'이다. 욕망과 편견과 차별 등을 걸어 낸

뒤에 오는 고요한 일념. 그 몰입은 군자와 성인에 이르는 길이자, 진정 나라를 바로잡고 백성을 편안케 하는 성군과 명신이 되기 위한 필수 조건이었다.

내성외왕內聖外王. 안으로는 마음을 평정한 성인이 되고, 밖으로는 세상을 바꾸는 왕이 되는 것, 이것이 성리학의 최종 목적지다. 그러나 조선은 마땅히 안팎으로 종횡무진해야 할 성리학의 에너지를, 다시 성리학으로 환원했다. 조선의 선비는 몰입의 달인이었으나, 성리학으로 키운 몰입의 힘을 다시 성리학을 연구하는 데 모두 소진해 버렸다. 여기에서 조선의 불행이 싹텄다.

성리학의 특징과 조선에서 성리학의 한계를 개괄하면 이렇다. 아울러 주돈이·정이·범준·주희의 생애도 간략히 살펴보자.

주돈이에서 시작해
주희에서 꽃피운 성리학

　주돈이는 1017년 북송에서 태어났다. 주로 낮은 관직을 전전했지만 만족하며 살았다. 높은 관직보다는 수양을 통해 고도의 정신적 경지에 이르는 것을 추구해서다. 학문적 업적은 《태극도설》을 지은 것인데, 이 책에서 유학에 주역과 도교의 사상을 가미해 우주론 체계를 정립했다. 그동안 유학에서 소외시켰던 주역, 도교 사상을 다룬 덕분에 주돈이는 기존과 다른 성리학의 기틀을 놓은 학자로 평가받는다.

　정이는 1033년 북송에서 태어났다. 주돈이를 사사했으며 이기이원론을 확립하는 등 동아시아 철학사에 큰 업적을 남겼다. 정이의 성격은 매사 진중하고 엄격했다. 만년에는 황제의 스승 자리에까지 올랐는데, 황제에게도 엄하기는 마찬가지였다. 봄나들이를 하던 황제가 무심코 버드나무 가지를 꺾자, "봄이 되어 갓 피어난 생명을 이유 없이 꺾어서는 안 됩니다"고 훈계해 황제를 언짢게 한 일화가 유명하다.

범준은 1102년 북송에서 태어났다. 평생 성리학 연구와 제자 양성에 매진했다. 당시 남송의 재상은 명장 악비를 살해한 간신 진회였다. 그런 자 밑에서 녹봉을 받을 수 없다며 범준은 벼슬길에 나아가지 않았다. 그렇다고 해서 세상일에서 아예 관심을 거둔 것은 아니었다. 그는 나라와 백성을 걱정하는 마음이 컸는데[憂國憂民], 특히 백성의 고통에 관심을 기울여야 한다고 제자들에게 가르쳤다. 주희는 이런 범준을 존숭해 남송 성리학의 주요 인물로 기록했다.

주희는 1130년 남송에서 태어났다. 높은 관직에 오르지는 못했지만, 황제는 그를 많이 존경했다. 주희가 상소를 올리면 자다가도 일어나 다 읽은 후에야 잠자리에 들 정도였다. 주희는 성리학을 집대성해 많은 책을 남겼는데, 기존 경전을 사서로 편집하고 주석까지 단 《사서집주》가 대표작이다. 《사서집주》는 동아시아 유학의 교과서가 되

었고, 주희의 사상은 가히 공자에 견줄 정도로 큰 영향을
끼쳤다.

【 31장 】

어떤 욕망이냐가 중요하네

주돈이 선생이 〈양심설〉에서 말씀하셨다.

"맹자께서 말씀하셨다.

'마음을 보살피는 데 욕망을 줄이는 것보다 더 좋은 것이 없다.

욕망이 적으면 비록 마음을 보존하지 못하더라도 잠깐 잃을 뿐이요,

욕망이 많으면 비록 마음을 보존하더라도 잠깐 보존하는 것일 뿐이다.'

내가 생각하기에 마음을 보살피는 일에는 힘을 아껴선 안 된다.

욕망이 남아 있지 않은 상태에 이르러야 한다.

욕망이 제거되면 진정성이 서고 밝음이 통한다. 진정성이 서면 현자요,

밝음이 통하면 성자다. 성현은 날 때부터 그런 것이 아니다.

마음을 보살펴 거기에 이른 것이다. 이렇듯 마음을 보살피면 효과가 큰데,

그건 그 사람에게 달려 있을 뿐이다."

周子 養心設曰 孟子曰 養心莫善於寡欲 其爲人也
주자 양심설왈 맹자왈 양심막선어과욕 기위인야

寡欲 雖有不存焉者 寡矣 其爲人也 多欲 雖有存焉者
과욕 수유부존언자 과의 기위인야 다욕 수유존언자

寡矣 予謂養心 不止於寡而存耳 蓋寡焉以至於無
과의 여위양심 부지어과이존이 개과언이지어무

無則誠立明通 誠立賢也 明通聖也 是聖賢 非性生
무즉성립명통 성립현야 명통성야 시성현 비성생

必養心而至之 養心之善 有大焉 如此 存乎其人而已
필양심이지지 양심지선 유대언 여차 존호기인이이

주돈이

❖

〈양심설〉은 마음 보살피는 법을 다룬 글이다. 주돈이는 욕망을 줄이는 것을 넘어 없앨 것까지 주문한다. 맹자의 본의와는 조금 어긋난다. 다산 정약용이 다음처럼 주돈이를 비판한 이유이기도 하다.

이 몸이 이미 존재한 바에야 몸은 따뜻한 것을 추구하지 않을 수 없고, 배는 배불리 먹기를 구하지 않을 수 없으며, 사지는 편안함을 구하지 않을 수 없다. 돌이켜 보건대 어떻게 욕망을 전혀 없앨 수 있겠는가? 맹자의 말에 현실성이 있다.

하지만 나는 주돈이가 말하는 무욕無欲이 '식음 전폐'를 뜻하는 것은 아니리라 생각한다. 여기서 무욕은 욕망의 방향 전환을 촉구하는 것으로 받아들이면 어떨까. 기존의 욕망을 삭제한 자리에 새로운 욕망을 세운다. 가령 이상과 정의를 추구하고 세상을 구하겠다는 쪽으로 욕망을 전환할 수도 있는 것이다.

일본의 뇌과학자 나카노 노부코는 뇌 속 도파민에 주목한다. 도파민은 행복감을 느끼게 하는 신경전달물질인데, 예를 들어 소수자를 괴롭힐 때와 불의에 맞설 때 도파민 분비 양이 같다고 한다. 무욕을 '욕망의 방향 전환을 촉구하는 것'으로 해석할 때, 욕망에 도파민을 대입해 보자. 어차피 같은 행복감이라면 사회적으로 더 값진 행복과 보람을 얻는 게 낫지 않을까. 소수자 혐오보다는 정의감을 택하는 게 어떠냐는 의견이다.

【 32장 】

편견 없는 마음이 무욕이지

주돈이 선생이 《통서》에서 말씀하셨다.

"성인을 배울 수 있느냐 묻기에 그렇다고 답했다.

핵심이 있느냐 묻기에 있다고 답했다.

자세히 묻기에 다음과 같이 말했다. '핵심이 하나 있으니,

그 하나란 무욕이다. 무욕하면 가만히 있을 때는 비우고 움직일 때는 곧다.

가만히 있어 비우면 밝고, 밝으면 통한다. 움직여 곧으면 공정하고,

공정하면 넓다. 밝아 통하며 공정하여 넓다면 가까울 것이다."

周子 通書曰 聖可學乎 曰可 有要乎 曰有 請問焉
주자 통서왈 성가학호 왈가 유요호 왈유 청문언

曰一爲要 一者 無欲也 無欲 則靜虛動直 靜虛則明 明則通
왈일위요 일자 무욕야 무욕 즉정허동직 정허즉명 명즉통

動直則公 公則溥 明通公溥 庶矣乎
동직즉공 공즉부 명통공부 서의호

주돈이

❖

《통서》는 진정성[誠]을 윤리의 핵심으로 풀어낸 책이다.

성인이 되는 핵심은 무욕이다. 무욕이란 삿된 욕망을 비우는 것이다. 가만히 있을 때 편견이나 선입견도 없는 텅 비운 상태를 유지하니 마음이 밝다. 움직여 실천할 때는 정직하고 곧다. 또한 공정한데, 이는 편견이나 선입견 등을 마음에서 비워 냈기 때문이다. 마음을 비웠으니 공정하지 않을 수 없다. 그래서 채움의 조건이 비움이다. 이 구절을 보면서 가수 시인과촌장의 명곡 〈가시나무〉 가사를 떠올렸다.

내 속엔 내가 너무도 많아

당신의 쉴 곳 없네

내 속엔 헛된 바람들로

당신의 편할 곳 없네

내 속엔 내가 어쩔 수 없는 어둠

당신의 쉴 자리를 뺏고

내 속엔 내가 이길 수 없는 슬픔

무성한 가시나무 숲 같네

바람만 불면 그 메마른 가지

서로 부대끼며 울어 대고

쉴 곳을 찾아 지쳐 날아온

어린 새들도 가시에 찔려 날아가고

바람만 불면 외롭고 또 괴로워

슬픈 노래를 부르던 날이 많았는데

내 속엔 내가 너무도 많아서

당신의 쉴 곳 없네

【 33장 】

본마음을 잃은 것이 물화네

정이 선생이 말씀하셨다.

"안회가 극기복례의 자세한 항목을 여쭈니 공자께서

'예가 아니면 보지 말고 예가 아니면 듣지 말며

예가 아니면 말하지 말고 예가 아니면 움직이지 마라'고 하셨다.

네 가지는 몸을 쓰는 것인데,

내면에서 비롯해 바깥에 응하는 것이다.

바깥을 다듬으면 내면을 보살필 수 있다.

안회는 이 말을 섬겨 성인으로 나아갈 수 있었다.

배우는 사람은 마땅히 이를 품고 잃어선 안 된다.

그래서 잠언[箴]을 지어 스스로 경계하고자 한다."

程子曰 顏淵問 克己復禮之目 子曰 非禮勿視
정자왈 안연문 극기복례지목 자왈 비례물시

非禮勿聽 非禮勿言 非禮勿動 四者 身之用也
비례물청 비례물언 비례물동 사자 신지용야

由乎中而應乎外 制於外 所以養其中也 顏淵事斯語
유호중이응호외 제어외 소이양기중야 안연사사어

所以進於聖人 學者 宜服膺而勿失也 因箴以自警
소이진어성인 학자 의복응이물실야 인잠이자경

정이

❖

10장에 대한 정이의 주석이다. 예가 아닌 것을 가까이 두지 않는 것은, 내면의 결단으로 바깥을 가다듬는 것이다. 이렇듯 예가 아닌 것은 접하지도 만들지도 않음으로써 바깥을 다듬으면 도심이 있는 내면을 보살펴 지킬 수 있다. 정제엄숙이다. 안회도 이 말을 잘 지켰기에 성인에 버금갈 수 있었다. 그러므로 배우는 사람은 마땅히 공자의 이 말을 잘 지켜야 하니, 정이도 이를 위해 공자의 말에 비추어 네 가지 잠언을 지었다. 〈시잠〉, 〈청잠〉, 〈언잠〉, 〈동잠〉이 그것이다. 〈시잠〉은 보는 것을 다스려 내면을 보살피는 내용이 담긴 잠언이고, 〈청잠〉은 듣는 것, 〈언잠〉은 말하는 것, 〈동잠〉은 행동하는 것을 다스려 내면을 지키게 하는 잠언이다.

─

〈시잠〉에서 말씀하셨다.
"마음은 본디 비어 있어 사물에 응하되 자취가 없다.
마음을 다잡는 핵심이 있으니, 보는 법칙이다.
앞이 흐리면 내면은 옮겨 다니므로,
바깥을 다듬어야 내면을 편안케 할 수 있다.
자기를 극복하고 예로 돌아가면 장구하고,
장구하면 진정성을 얻는다."

其視箴曰 心兮本虛 應物無迹 操之有要 視爲之則 蔽交於前
기 시 잠 왈 심 혜 본 허 응 물 무 적 조 지 유 요 시 위 지 칙 폐 교 어 전

其中則遷 制之於外 以安其內 克己復禮 久而誠矣
기 중 즉 천 제 지 어 외 이 안 기 내 극 기 복 례 구 이 성 의

정이

비례물시非禮勿視, 즉 예가 아니면 보지 말라는 공자의 말에 따라 정이는 보는 것에 관한 경계의 글 〈시잠〉을 지었다. 〈시잠〉에서 정이는 시야를 다스림으로써 내면을 다스리는 법을 소개한다. 본디 마음은 비어 있다. 마치 거울 같아서 나무를 보면 나무를 비추고 강을 보면 강을 그대로 비추다가도, 나무와 강이 사라지면 그 자취도 지운다.

그런데 시야가 흐려지면 마음도 흐려지기 쉽다. 예가 아닌 것을 보면 마음에 예가 아닌 것이 들어온다. 담배를 보면 담배를 피우고 싶고 술을 보면 술을 마시고 싶은 것과 같다. 마음이 중심을 잡지 못하고 이리저리 옮겨 다니는 것이다. 그러므로 보는 것을 잘 다스림이 마음을 잡는 핵심이다.

극기복례克己復禮, 자기를 극복하고 천리로 돌아가면 마음에 평화가 장구히 흐른다. 그러면 자연 내면이 진실해진다.

—

〈청잠〉에서 말씀하셨다.

"사람에게는 떳떳함이 있으니 하늘이 준 성품이다.

그 마음이 유혹되어 물화物化되면 바름을 잃는다.

선각자들은 그칠 줄 알아 바름을 머무르게 할 수 있었다.

삿됨을 막아 진정성을 보존하려면 예가 아니면 들어선 안 된다."

其聽箴曰 人有秉彝 本乎天性 知誘物化 遂亡其正

기 청 잠 왈 인 유 병 이 본 호 천 성 지 유 물 화 수 망 기 정

卓彼先覺 知止有定 閑邪存誠 非禮勿聽

탁 피 선 각 지 지 유 정 한 사 존 성 비 례 물 청

정이

사람에게는 하늘이 내린 떳떳한 마음이 있으니, 도심이다. 그런데 마음이 사물에 꺼둘리면 도심을 잃는다. 선각자들은 사물에 이끌리기를 그칠 줄 안 까닭에 마음속에 도심을 머무르게 할 수 있었다. 그러므로 삿됨을 막아 진정성을 보존하려면 예가 아니면 들어선 안 된다.

여기서 흥미로운 것이 '물화'란 표현이다. 이 개념은 마르크스가 말한 '물화'와도 상통한다. 자본주의 사회에서는 모든 가치가 상품으로 여겨지고, 특히 사람마저 '노동력'이란 상품으로 취급되는 것을 마르크스가 비판할 때 쓴 말이다. 정이는 사람이 본마음을 잃은 것

을 물화라 표현했다.

—

〈언잠〉에서 말씀하셨다.

"사람의 마음은 움직이기를 말로 표현한다.

말을 할 때는 조급함과 망령됨을 막아 내면을 오롯이 고요히 해야 한다.

말은 뻐대여서 전쟁도 일으키고 좋은 것도 일으킨다.

또 길흉과 영욕을 부른다. 말이란 너무 단순하면 성의가 없고,

너무 번잡하면 핵심이 없다. 말이 방자하면 만물을 거스르며,

말의 나감이 어그러지면 돌아옴도 어긋난다.

법도에 어긋나면 말하지 말고, 교훈을 공경해야 한다."

其言箴曰 人心之動 因言以宣 發禁躁妄 內斯靜專 矧是樞機

기 언 잠 왈　인 심 지 동　인 언 이 선　발 금 조 망　내 사 정 전　신 시 추 기

興戎出好 吉凶榮辱 惟其所召 傷易則誕 傷煩則支 己肆物忤

흥 융 출 호　길 흉 영 욕　유 기 소 소　상 이 즉 탄　상 번 즉 지　기 사 물 오

出悖來違 非法不道 欽哉訓辭

출 패 래 위　비 법 부 도　흠 재 훈 사

정이

사람은 자기 마음을 말로 표현한다. 조급하고 망령된 마음에서
조급하고 망령된 말이 나오지만, 조급하고 망령된 말을 함으로써
마음에 조급함과 망령됨이 깃들기도 한다. 내면을 고요히 가꾸는 일

이 중요한 이유는, 마음은 말의 뼈대요, 말이란 만사의 뼈대이기 때문이다. 말을 어떻게 하느냐에 따라 전쟁이 일어나기도 하고 전쟁을 막을 수 있기도 한다. 또 말은 길흉을 부르고, 영화 혹은 욕됨을 부른다. 그만큼 언어의 힘이 강력하다.

그러므로 말은 정도에 맞게 해야 한다. 너무 단순하지도 번잡하지도 않아야 한다. 어긋난 말을 할 때 그 말을 가장 먼저 듣는 이가 바로 자신이다. 그 말 때문에 나의 마음도 어긋날 수 있다는 얘기다. 따라서 도리에 어긋나는 말은 하지 말고, 말에 관한 성현의 교훈을 받들고 따라야 한다는 게 정이의 조언이다.

—

〈동잠〉에서 말씀하셨다.

"지혜로운 이는 기미를 알아차리므로 생각에 진정성이 있다.

뜻있는 선비는 힘써 행함으로써 실천력을 지켜 낸다.

이치를 따르면 넉넉하고 욕심을 따르면 위태롭다.

급한 때에도 능히 생각하며, 두려울 때도 자신을 지켜 내야 한다.

습관이 본성처럼 이루어진다면 성현에 이를 것이다."

其動箴曰 哲人知幾 誠之於思 志士勵行 守之於爲 順理則裕
기 동 잠 왈　철 인 지 기　성 지 어 사　지 사 려 행　수 지 어 위　순 리 즉 유

從欲惟危 造次克念 戰兢自持 習與性成 聖賢同歸
종 욕 유 위　조 차 극 념　전 긍 자 지　습 여 성 성　성 현 동 귀

정이

지혜로운 이가 삿된 마음의 기미를 알아차릴 수 있는 것은 항상 자신의 마음속을 살펴서다. 삿된 마음이 일어나는 즉시 기미를 알아차려 가라앉히는 것이다. 그래서 마음에 진정성이 보존된다.

이치를 따르면 넉넉해진다는 것은, 순리를 따르므로 마음이 조급해지지 않는다는 뜻이다. 반면에 욕심만 따르면 욕심을 채우느라 위태로울 수밖에 없다. 지혜로운 이는 급한 일일수록 덮어놓고 달려들지 않는다. 한발 물러서 관망하면서 거듭 생각한다.

한편 뜻있는 선비는 비록 두렵더라도 불의를 보면 맞서고 선을 행한다. 실천력을 지켜 낸다.

이런 힘들은 습관에서 비롯된다. 지혜로운 이에게는 지혜로운 습관이, 뜻있는 선비에게는 실천하는 습관이 배여 있다. 그러므로 본성에 가깝도록 행동하는 습관을 들인다면, 성현에 더 가까워질 것이다.

【 34장 】

마음은 하늘이 내린 임금일세

범준 선생이 〈심잠〉에서 말씀하셨다.

"천지는 굽어봐도 우러러봐도 끝이 없이 아득하네.

사람은 그 사이에 접처럼 존재하니

그것이 마치 거대한 창고 안의 쌀 한 톨 같구나.

그럼에도 세 기둥[三才]에 사람이 함께하는 것은 오롯이 마음 때문이라.

예부터 오늘까지 누구인들 마음이 없으랴마는,

마음이 형체의 부림을 당하면 금수와 같아지도다.

입과 귀와 눈과 손과 발의 행위가 마음 틈 사이를 파고들면

마음에 병이 들고, 이런 마음에 온갖 욕망이 파고들면

마음을 보존할 수 있는 이가 드문 것을!

군자가 능히 명심하고 수양하여 진정성을 보존한다면,

천군天君은 태연하고 백체百體는 마음의 명령을 좇으리라."

范氏心箴曰 茫茫堪輿 俯仰無垠 人於其間 眇然有身
범씨심잠왈 망망감여 부앙무은 인어기간 묘연유신

是身之微 太倉稊米 參爲三才 曰惟心爾 往古來今
시신지미 태창제미 참위삼재 왈유심이 왕고래금

孰無此心 心爲形役 乃獸乃禽 惟口耳目 手足動靜
숙무차심 심위형역 내수내금 유구이목 수족동정

投間抵隙 爲厥心病 一心之微 衆欲攻之 其與存者
투간저극 위궐심병 일심지미 중욕공지 기여존자

鳴呼幾希 君子存誠 克念克敬 天君泰然 百體從令
명호기희 군자존성 극념극경 천군태연 백체종령

범준

❖

〈심잠〉은 마음이 잘못되지 않도록 경계하는 글이다. 아득한 천지 안에서 사람이란 존재는 그지없이 미미하다. 예부터 천지인天地人을 일컬어 세 기둥[三才]이라 했는데, 하늘과 땅과 더불어 사람이 함께 할 수 있는 것은 오직 사람이 마음을 지닌 덕분이다. 그러므로 돈과 권력 등 외물을 좇느라 이 마음을 잃는다면 세 기둥에 들어갈 하등 의 이유가 없으며, 그저 동물과 다를 바 없다. 우리의 마음, 도심은 어렴풋하여 돌보기 쉽지 않은데, 여기에 온갖 욕망이 침범하면 견딜 도리가 없다.

군자는 마음 돌보기에 힘써 내면의 진정성을 유지한다. 이를 명심 하고 잘 수양한다면, 천군天君은 태연하고 백체百體는 마음의 명을 좇 는다. 천군은 글자 그대로 풀이하면 '하늘의 임금'쯤 된다. 이는 우 리의 마음을 뜻한다. 우리의 마음이란 하늘이 주신 것이니, 세상의 임금[人君]보다 높다.

신분 고하를 불문하고 차별 없이 누구나 천군 즉 마음을 지녔으 니 이를 잘 돌보기만 하면 온몸이 이를 따른다는 것이다. 마음 돌보 기를 권유하는 옛 선비의 말이 이토록 간곡하다.

백범 김구는 '천군태연天君泰然'이란 말을 즐겨 썼다. 협잡과 악이 횡 행하는 시대에 굴하지 않고 마음을 지키려는 백범의 당당한 기백이 느껴진다.

【 35장 】

병아리에겐 달걀 껍데기가 필요하지

주희 선생이 〈경재잠〉에서 말씀하셨다.

"옷매무새를 바르게 하고 시선에는 존경을 담아라.

마음을 가라앉히고 하늘을 대하듯 생활하라.

걸음은 무겁게 손짓은 공손하게,

개미집도 피해 갈 정도로 땅은 가려 밟아라.

문을 나서서는 손님을 뵙듯이 하고, 일할 때는 제사를 받들 듯이 하며,

두려운 듯 조심하여 함부로 행동하지 않는다.

입 다물기는 닫힌 병같이, 뜻 지키기는 성벽같이 하라.

사람을 공경하고 조심하며 가벼이 대해서는 안 된다.

서쪽을 가리키고 동쪽으로 가지 말고 북쪽을 가리키고 남쪽으로 가지 마라.

일을 당했을 때는 마음을 보존하여, 움직이거나 둘로 셋으로 나누지 마라.

마음을 오직 집중하여 온갖 변화를 관조하라."

朱子敬齋箴曰 正其衣冠 尊其瞻視 潛心以居 對越上帝

주자경재잠왈 정기의관 존기첨시 잠심이거 대월상제

足容必重 手容必恭 擇地而蹈 折旋蟻封 出門如賓

족용필중 수용필공 택지이도 절선의봉 출문여빈

承事如祭 戰戰兢兢 罔敢或易 守口如瓶 防意如城

승사여제 전전긍긍 망감혹이 수구여병 방의여성

洞洞屬屬 罔敢或輕 不東以西 不南以北 當事而存

동동촉촉 망감혹경 부동이서 불남이북 당사이존

靡他其適 弗貳以二 弗參以三 惟心惟一 萬變是監

미타기적 불이이이 불삼이삼 유심유일 만변시감

주희

〈경재잠〉은 주희가 철학자 장식의 글을 읽고 깨우친 점들을 담은 글이다.

단재 신채호는 세수할 때조차 허리를 굽히지 않아서 매번 윗옷이 흠뻑 젖었다고 한다. 일제에 굴하지 않고 절개를 지키겠다는 다짐의 표현이었을 것이다. 한평생 독립운동과 우리 역사 연구에 매진한 신채호다운 일화다.

그보다 반세기 전 조선 말에 태어난 동리 신재효는 그 같은 양반의 지조를 무척 혐오했다. 집 지붕을 아주 낮게 지은 이유도 거기에 있었다. 자기 집에 출입하는 사람이라면 높은 관직의 양반이라도 자연 허리를 숙이지 않을 수 없게 만든 것이다. 이 또한 중인 신분으로 태어나 풍자문학인 판소리를 집대성한 신재효다운 이야기다.

이 장에서 주희가 말하는 것은 정제엄숙이다. 정제엄숙은 밖을 다듬어 내면을 맑게 하는 성리학의 수양법이다. 맹자의 큰 몸, 작은 몸 철학에서 살펴보았듯이 동아시아 철학에서는 몸과 마음을 크게 양분하지 않는다. 외면의 바름이 곧 내면으로 이어지는 정제엄숙 역시 몸과 마음을 하나로 보는 관점을 전제한다.

그런데 조금은 답답하다. 주희는 선비다운 몸가짐을 일러 준 것이겠지만, 현대의 관점에서는 사람의 행위를 지나치게 틀에 가두는 것으로 보인다. 두 일화 중에서는 특히 신재효에게 반감이 생기기 쉽다. 따라서 이 내용은 글자 그대로 세세한 지침으로 받들기보다는, 속뜻을 헤아리는 게 더 좋을 듯싶다.

바른 몸가짐은 곧 계율 준수를 가리킨다. 계율은 달걀 껍데기와 같다. 껍데기는 부화 전까지 병아리를 보호한다. 얼핏 생각하면 껍데기가 병아리를 가두어 두는 것 같지만, 때가 되기 전에 껍데기를 깨면 병아리는 죽는다. 사람도 비슷하다. 내면이 잘 성장하기 전까지는 몸가짐을 반듯하게 할 필요가 있다. 물론 언젠가는 껍데기를 깨야 성장할 수 있겠지만 말이다.

이 장을 읽으면서 한 혁명가를 떠올렸다. "꿇고 사느니 서서 죽겠다"는 말을 남기고 불꽃같은 인생을 마감한 체 게바라다. 그의 삶은 지조 높은 선비를 연상시킨다. 그래선지 지금도 많은 이가 그를 뜨겁게 가슴에 품고 있다.

—

"마음을 하나로 몰입하는 것을 '경敬을 잡았다'고 한다.
움직일 때나 가만히 있을 때나 어긋남이 없어
겉과 속이 서로 바르게 될 것이다. 잠시라도 끊어짐이 있으면
사사로운 욕망이 들끓어 불이 없어도 뜨겁고 얼지 않아도 차갑다.
털끝만큼이라도 어긋남이 있으면 천지가 뒤바뀌어 삼강三綱이 없어지고
구법九法이 폐해진다. 아 작은 사람아, 명심하고 몰입을 실천해야 한다.
먹으로 글을 써 경계함으로써 마음에 이르노라."

從事於斯 是曰持敬 動靜弗違 表裏交正 須庾有間 私慾萬端
종사어사 시왈지경 동정불위 표리교정 수유유간 사욕만단

不火而熱 不冰而寒 毫釐有差 天壤易處 三綱旣淪 九法亦斁
불화이열 불빙이한 호리유차 천양역처 삼강기륜 구법역두

於乎小子 念哉敬哉 墨卿司戒 敢告靈臺
어호소자 염재경재 묵경사계 감고영대

주희

몸가짐을 지킨다면 어긋남이 없고 속 또한 바르게 된다. 그런데 잠시라도 소홀히 하면 언제든 사사로운 욕망이 들끓을 수 있다. 그러면 불이 없어도 뜨겁고 얼지 않아도 차갑게 되는데, 그만큼 마음이 안정을 찾지 못한다는 뜻이다.

또한 삼강과 구법이 없어진다고 한다. 구체적으로는 삼강오륜과 홍범구주*를 일컫는데, 간단히 '뿌리와 법도가 흔들린다' 정도로 새기면 될 듯하다. 모든 것은 마음먹기에 달렸다. 그러므로 경계할 것들을 글로 써 지키려 노력해야 한다.

한편 여기서 '작은 사람'이란 제자를 살갑게 부르는 호칭이다.

* 홍범구주. 중국 고대 우임금이 남겼다고 전해지는 세상을 다스리는 아홉 가지 법칙을 말한다. 《서경》의 〈홍범〉이 출처다. 오행, 계절의 변화를 비롯한 자연의 원리부터 나라를 다스리는 법, 개인이 지켜야 할 도덕까지 망라돼 있다.

【 36장 】

잠시도 한눈을 팔지 말게

〈구방심재명〉에서 말씀하셨다.

"천지를 변화시키는 마음은 지극히 인하다.

천지를 변화시키는 것이 내게 달려 있으니, 마음이 몸을 주재한다.

어찌 주재하는가? 신명하여 헤아릴 수 없다.

만 가지 변화를 이루어 사람의 도를 세운다.

마음은 잠시라도 놓으면 천 리를 달아나니,

진정성이 없으면 어찌 가지며, '마음의 몰입'이 아니면 어찌 지키랴.

누구는 놓고 누구는 지키며, 누구는 잃고 누구는 지니는가?

급히고 펴는 건 팔에 달려 있고, 반복하는 건 손에 달려 있다.

마음 한편에 부정적인 감정이 미약하게 일어날 때도 막으며,

내면을 조심하는 것으로 늘 내면을 지킨다.

깊이 묻고 가까이에서부터 생각하는 것,

이것을 '서로 돕는다'고 한다."

求放心齋銘曰 天地變化 其心孔仁 成之在我

구방심재명왈 천지변화 기심공인 성지재아

則主于身 其主伊何 神明不測 發揮萬變

즉주우신 기주이하 신명불측 발휘만변

立此人極 嗒刻放之 千里其奔 非誠曷有

입차인극 구각방지 천리기분 비성갈유

非敬曷存 孰放孰求 孰亡孰有 詘伸在臂

비경갈존 숙방숙구 숙무숙유 굴신재비

反覆惟手 防微謹獨 兹守之常 切問近思 曰惟以相

반복유수 방미근독 자수지상 절문근사 왈유이상

주희

❖

〈구방심재명〉은 마음을 다잡는 법에 관한 글이다. 천지를 변화시키는 것도 결국 사람의 마음이다. 그 마음은 다름 아닌 바로 내게 있다. 천지를 바꿀 수 있는 마음이 내게 있는데, 하물며 내 몸을 다스리지 못하랴. 마음만 잘 보살피면 세상에서도 자신에게서도 만 가지 변화를 이끌어 낼 수 있다. 그러므로 마음을 잘 챙김으로써 인간의 도를 세울 수 있다.

하지만 잠시라도 내버려 두면, 즉 방심放心하면 마음은 금세 달아나고 만다. 이처럼 아슬아슬하고 미묘한 게 마음이다. 꾸준히 수양해 진정성이 유지되도록 마음을 잘 보살펴야 하는 이유다.

그런데 많은 이가 마음을 놓아 잃어버린다. 왜일까. 별게 아니다. 마음은 잠깐 한눈을 팔아도 잃을 수 있는 것이기 때문이다. 마음을 잘 보살피는 사람은 항상 자기 마음을 관조한다. 미미하게라도 나쁜 감정이 들 것 같으면 즉시 알아차린다. 그 순간 그 감정은 가라앉는다.

마음을 늘 보살피는 사람은 밖에서 어떤 일이 벌어져도 흔들림이 없다. 차분히 관조하고 묻고 생각하여 중용 상태에 이른다. 이것을 '안과 밖이 서로 돕는다'고 한다.

【 37장 】

물그릇은 다시 채울 수 있네

〈존덕성재명〉에서 말씀하셨다.

"하늘이 백성을 내려 주면서 무엇을 주셨는가? 의와 인이다.

오로지 의와 인이 하늘의 법칙이다.

이것을 공경히 받들어도 실천할 수 없을 것 같아 두려운데,

누가 인과 의를 어둡고 더럽고 미천하게 하는가?

간사히 보고 삐딱하게 들으며 움직이기를 게을리하는 이들이

하늘의 밝음을 더럽힌다.

사람의 도리를 무시하여 밑바닥에서 있길 좋아하니 온갖 악이 모인다.

나는 이를 거울삼아 마음을 공경히 대하고 두려워한다.

깊은 방에서도 밝게 자리한다.

옥을 쥔 듯, 가득 찬 물그릇을 받들 듯,

넘어지는 순간에도 그렇게 한다."

尊德性齋銘曰 惟皇上帝 降此下民 何以予之

존덕성재명왈 유황상제 강차하민 하이여지

曰義與仁 維義與仁 維帝之則 欽斯承斯

왈의여인 유의여인 유제지칙 흠사승사

猶懼弗克 孰昏且狂 苟賤汙卑 淫視傾聽

유구불극 숙혼차광 구천오비 음시경청

惰其四支 褻天之明 嫚人之紀 甘此下流

타기사지 설천지명 만인지기 감차하류

衆惡之委 我其鑒此 祗栗厥心 有幽其室

중악지위 아기감차 지율궐심 유유기실

有赫其臨 執玉奉盈 須臾顚沛

유혁기림 집옥봉영 수유전패

주희

❖

〈존덕성재명〉은 선한 본성을 일깨우는 법에 관한 글이다. 하늘이, 사람이란 백성에게 내려 준 것은 오직 인의다. 인의를 제외한 것은 다른 동식물들에게도 내려 주셨다. 이렇듯 귀한 인의를 실천하려 노력해도 쉽지 않은데 도리어 팽개친다면 하늘의 밝음과 호의를 더럽히는 짓이 된다.

사람이 도리를 저버리는 것은 밑바닥에 처하는 셈이다. 온갖 더러운 것이 그리로 모인다. 어두운 사람 곁에 어두운 사람이 모이는 법이다. 이를 반면교사 삼아 마음을 공경히 대하고 보살펴야 한다. 아무도 보지 않는 방에서도 부끄러운 짓을 해서는 안 되며, 귀한 옥을 쥔 듯 경건한 태도로 도리를 실천해야 한다.

살다 보면 그만 넘어져 들고 있던 물을 쏟을 때도 있다. 그 순간에도 군자는 마음 보살피기를 포기하지 않는다. 그래서 다시 일어설 수 있다. 살면서 몇 번은 꿈과 이상을 포기해야 하는 상황과 맞닥뜨린다. 그러나 마음을 잘 추스른다면 다시 일어설 수 있다고 주희는 말한다. 마음이란 앞서 살펴본 것처럼 무한한 가능성을 품은 하늘의 것이기 때문이다.

요즘도 여전히 힘을 얻고 있는 '힐링' 같은 말은 사회현실을 가리는 측면이 있다. 현실의 부조리를 은폐하며 아주 작은 희망을 미끼로 희생을 강요한다. 그러나 어쩔 것인가. 우리는 이미 그런 세상에

내던져졌다. 그러니 이 잘못된 세상을 바꾸기 위해서라도 다시 일어서야 한다. 마음을 보살피는 일이 그 출발선이다.

승려 틱낫한은 말한다.

산처럼 앉아라. 어떤 바람도 산을 넘어뜨리지 못할지니.

지눌은 말한다.

땅에서 넘어진 자 다시 땅을 짚고 일어나라.

주희도 말한다.

물그릇을 엎질러도 좋다. 다시 그릇을 집어 채우면 된다.

산과 땅과 물그릇은 하나를 가리킨다. 바로, 마음이다.

—

"임무는 무겁고 길은 멀구나. 어찌 감히 태만하리요."

任重道悠 其敢或怠
임중도유 기감혹태

주희

《심경》의 마지막 문장이다. 왜 그토록 쉼 없이 도를 향해, 이상을 향해 걸어야 하는지 밝힌다. 바로 선비에게는 무거운 임무가 있기 때문이다. 그것이 우환의식憂患意識이다. 우환의식은 세상의 부조리와 그로 인해 시름하는 이웃을 걱정하는 마음이며, 더 나아가 세상을 바로잡아야 한다는 사명감을 말한다.

선비란 세상일을 가장 먼저 근심하고, 세상의 기쁨은 가장 늦게 누리는 존재다. 지옥에 남은 마지막 중생을 구제하고서야 성불을 이루겠다는 지장보살의 소명을, 선비는 현세에서 구현코자 한다. 그러나 그 임무를 완성하기에는 갈 길이 너무나 멀다. 그러니 한시도 태만할 수 없다.

옛말에 통치자는 아무리 나쁜 세상에서도 좋은 점을 찾아내 퍼뜨리지만, 선비는 아무리 좋은 세상에서도 그 잘못된 점을 드러내 지적한다고 했다. 그만큼 선비는 호락호락하지 않은 존재다. 선비는 오늘날의 지성인이고, 깨어 있는 시민이다.

에
필
로
그

한 권으로 읽는
동양 고전

《심경》 해설을 마쳤다. 고개를 끄덕인 문장도 있고 가로저은 문장도 있으리라. 아닌 문장은 버리면 되고, 주억거린 문장은 내 것으로 만들면 된다. 내 것으로 만드는 방법은 곱씹음과 실천이다.

'마음 다스림'은
시대를 초월한 주제

그런데 왜 지금 《심경》을 읽어야 할까.

첫 번째 이유는 마음을 다스리는 방법론을 배우기 위해서다. 서양에 비해 동양철학은 마음을 다스리는 방법론이 발달했고 감정을 경영하는 데도 뛰어나다. 조선 시대나 지금에나 마음 다스림은 살아가는 데 꼭 필요하고 중요한 일이다. 특히 경쟁이 심한 한국 사회에서

버텨 내는 데 큰 도움이 될 것이다.

두 번째는 조선과 지금 우리 사회를 이해하기 위해서다. 《심경》은 조선에 지대한 영향을 끼친 필독서다. 따라서 《심경》을 읽지 않고 조선의 철학과 문학·정치·사회·예술을 연구하고 논한다는 것은 어불성설이다. 사상의 밑동을 모르고서 그 사회를 논할 수는 없다. 이는 대한민국을 이해하는 데도 마찬가지다.

조선은 대한민국의 바로 전 나라다. 불과 백여 년 전만 해도 이 땅은 대한민국이 아니라 조선이었다. 대한민국은 조선의 연장선에 있다. 연장이란 계승이기도 하고 반박이기도 하다. 계승을 할 때도, 반박을 할 때도 그 상대를 알아야 한다. 조선과 《심경》을 모르고는 오늘날 우리 사회를 온전히 이해할 수 없다는 것이다.

세 번째는 《심경》이 고전이기 때문이다. 고전을 읽어야 하는 이유는 아주 많다. 그중 딱 하나만 짚는다면 고전은 당대의 이데올로기를 극복하도록 돕는다는 것이다. 우리의 사고와 가치관은 시대의 산물이다. 온전히 독립적으로 사고할 수 있는 인간은 없다. 시대마다 환경마다 품고 있는 고유한 가치가 있는데 그것을 '이데올로기'라 한다. 이데올로기가 꼭 나쁜 것은 아니지만, 문제는 우리가 그것을 이데올로기라고 인식하지 못한다는 데에 있다. 그것을 불변의 진리로 여기기 쉽고 거기에서 폐단이 생긴다.

이데올로기를 인식하고 극복하려면 나와는 다른 시대와 환경에서 태어난 사상과 문물을 접해야 한다. 그런데 환경이야 다른 나라와 문명권의 것을 접하면 될 일이지만, 시대는 과거의 것만 볼 수 있다는 게 문제다. 현 시대를 넘어설 수 있는 힌트를 역설적이게도 고전에서 찾을 수밖에 없는 것이다.

고전을 읽음으로써 지금을 객관적으로 보게 되고 그를 통해 새로운 아이디어를 얻고 더 나은 방향으로 나아갈 수 있는 것이다. 프랑스 철학자 푸코는 오늘날 당연시하는 것들의 기원을 추적해 그것이 당연한 것이 아님을 증명했다. 과거를 도구로 현실을 바라보고 그렇게 바라본 현실을 토대로 미래의 가능성을 열어젖힌 것이다.

한 권으로 읽는
동양 고전

아울러 《심경》은 동양 고전 입문서로도 좋다. 여러 경전과 유학자 글에서 좋은 문장들만 가려 뽑아 낸 것이라 고전에 문외한인 독자들도 동양 고전을 일별할 기회를 얻을 수 있다. 사서삼경만 해도 그렇다. 전공자가 아닌 한 전부를 읽기는 어렵다. 분량도 많고 어려운 탓에 읽다 포기하기 일쑤다. 거기에 현대와 맞지 않는 내용들도 읽으려는 의지를 꺾곤 한다.

앞부분만 훑다 포기할 것이 예측된다면 전체를 꿰뚫는 핵심만 추려 모은 책을 읽는 것이 차라리 나을 것이다. 옥석이 섞인 고전 전체를 애써 다 읽느니 우선 그 진가만 뽑아 소화시킨 다음 조금 더 깊은 고전의 바다로 나아가는 게 순서이리라. 그런 바람이 있던 독자들에게 《심경》은 안성맞춤하다. 《심경》을 '한 권으로 읽는 동양 고전'이라고 칭송하는 이유다. 이 책을 통해 독자들이 동양 고전의 멋과 맛을 음미하고 그 세계로 한 걸음 두 걸음 내딛게 되길 빈다.

참고 문헌

도움받은 글은 더 많지만, 번역에 참고한 자료만 싣는다.

김용옥, 《중용한글역주》, 통나무, 2011.

———, 《맹자 사람의 길》(上下) , 통나무, 2012.

김희영 옮김, 《서경》, 청아, 1994.

성백효, 《심경부주》, 전통문화연구회, 2002.

송명호, 《공자의 시작에 서다》, 먼날, 2017.

심영환 옮김, 《시경》, 홍익출판사, 1999.

왕부지, 왕부지사상연구회 옮김, 《왕부지 大學을 논하다》, 소나무, 2005.

이기동 옮김, 《맹자강설》, 성균관대출판부, 2005.

———, 《주역강설》, 성균관대출판부, 2006.

이기석·한용우 옮김, 《신역 대학·중용》, 홍신문화사, 2001.

이우재, 《이우재의 맹자 읽기》, 21세기북스, 2012.

이을호, 다산학연구원 엮음, 《한글 논어》, 한국학술정보, 2015.

──, 다산학연구원 엮음, 《한글 맹자》, 한국학술정보, 2015.

이익, 재단법인 실시학사 엮음, 실시학사 경학연구회 옮김, 《성호 이익의 심경질서》, 사람의무늬, 2016.

이현주, 《이현주 목사의 대학 중용 읽기》, 삼인, 2006.

장원태, 〈신독에 관한 고찰〉, 《범한철학》 제60집, 범한철학회, 2011.

정약용, 전주대호남학연구소 옮김, 《국역 여유당전서》(〈심경밀험〉), 북피아(여강), 1989.

──, 다산학술문화재단 엮음, 《정본 여유당전서》(〈심경밀험〉), 사암, 2013.

진덕수, 이광호 외 옮김, 《국역 심경주해 총람》(上下), 동과서, 2014.

진덕수·정민정, 이한우 옮김, 《심경부주》, 해냄, 2015.

최중석, 《역주 심경부주》, 국학자료원, 1998.

한흥섭 옮김, 《예기·악기》, 책세상, 2007.

황종원 옮김, 《논어》, 서책, 2010.

──, 《대학 중용》, 서책, 2010.

황호현, 《맹자 정해》, 금문사, 1957.

조선이 사랑한 문장

초판 1쇄 발행	2019년 1월 10일
지은이	신도현
펴낸곳	(주)행성비
펴낸이	임태주
책임편집	여미숙
디자인	디자인 스튜디오 [서 - 랍]
출판등록번호	제313-2010-208호
주소	서울시 마포구 토정로 222 한국출판콘텐츠센터 318호
대표전화	02-326-5913
팩스	02-326-5917
이메일	hangseongb@naver.com
홈페이지	www.planetb.co.kr

ISBN 979-11-87525-89-9 03100

행성B는 독자 여러분의 참신한 기획 아이디어와 독창적인 원고를 기다리고 있습니다.
hangseongb@naver.com으로 보내 주시면 소중하게 검토하겠습니다.